JN173510

Trattoria Siciliana
Don Ciccio

石川 勉シェフ直伝

トラットリア ドンチッチョの
極旨シチリア料理

料理　石川 勉
Ricette: Tsutomu Ishikawa

文　池田 愛美
Testi: Manami Ikeda

石川 勉シェフ直伝

トラットリア ドンチッチョの 極旨シチリア料理

Trattoria Siciliana
Don Ciccio

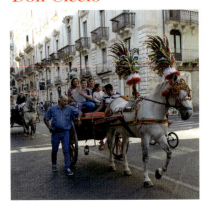

コラム

1

シチリア その美味と料理をかたちづくるもの
Gli elementi fondamentali della cucina Siciliana

2 シチリアへの愛をひと皿に込めて
Il mio piatto mitico, l'amore per la Sicilia
「トラットリア シチリアーナ・ドンチッチョ」のスペシャリテ
I piatti della specialità di Trattoria Siciliana Don Ciccio

本書レシピの基本ルール

材料は1人前、2人前、作りやすい分量などさまざまですが、できるだけ家庭でも再現しやすい分量で呈示しています。お好みで調整してください。

● EV オリーブオイルとは、エキストラ・バージン・オリーブオイルを指す。

● 揚げ油は、特に明記していない場合、ピュアオリーブオイル、ひまわり油、ピーナッツ油、コーン油など好みの油でよい。

● 塩はシチリア産の粒の細かい（fine）海塩を使用。

● 胡椒は特に明記していない場合、黒粒胡椒を挽いたもの。

● 唐辛子はイタリアの小粒のものを使用。かなり辛みが強いので、細かくちぎって量を加減する。

● 塩漬けケイパーは、塩を洗い落とし、半日水に浸けて、水気を拭き取ってから使用する。

● オレガノはドライオレガノを使用。できるだけ細かく刻んでから使うと少量でも香りが立つ。

● なすは基本的にアク抜きしてから使用。塩をふってしばらくおき、にじみ出た水分を絞る。または、塩水に浸けてしばらくおき、水気を絞る。

● パスタ（乾麺）を茹でるときは、塩分は1％。水1Lに対して、10gの塩を加える。

● ブロードは市販のコンソメキューブで代用も可能。ドンチッチョでは以下のように作っている。

ブロードの材料

水14 Lに対して、たまねぎ1個、にんじん小1本、セロリ1と1/2本、クローブ2個、ポロネギ1/3本、にんにく3〜4片、牛骨1kg、牛すじ肉1kg、塩ひとつまみ、黒粒胡椒8〜10粒

作り方

牛すじ肉は水にさらして血抜きをしておく。皮付きのたまねぎは横半分に切り、フライパンに入れて中火にかけ表面に焼き目をつけたら、クローブを刺しておく。セロリ（葉は不要）、皮付きのにんじん、ポロネギをぶつ切りにする。鍋に水を入れ、たまねぎ、セロリ、にんじん、ポロネギ、にんにく、牛骨、牛すじ肉、塩を加え、火にかける。沸騰したら弱火にし、途中で出てくるアクはこまめに取る。3時間ほど煮る（スープのかさは最初の水分の2/3強ほどになる）。濾してスープだけをブロードとして使う。

トラットリア シチリアーナ・ドンチッチョと
石川 勉シェフの物語

「ド」ンチッチョ」の"ドン"は、イタリアで神父や貴族の名前に冠する尊称ですが、南イタリアでは一般の人の名前にもドンをつける場合があります。誰にでもつけるわけではなく、敬愛の念を込めたい時に、ドン〇〇と呼びます。対して、"チッチョ"は、肉や贅肉を指すチッチャという言葉の男性形で、仲間内で「おい、お前」のような呼びかけで使われます。つまり、ドンチッチョとは、親しみとほんの少し尊敬も込めた愛称。シチリア料理への石川勉シェフの想いが込められた名前なのです。

石川シェフがイタリア料理の道に進んだのは、いわば偶然でした。とあるフランス料理店で働きたいと希望したけれど空きがなく、紹介されたのがイタリア料理店。当時はフランス料理全盛時代、イタリア料理はごくマイナーで、右も左もわからない別世界。けれど、日々イタリア料理の現場にいるうちに面白くなり、やがて、現地では一体どんなものだろう? という素朴な疑問が募っていきました。そこでついにイタリア35日間の旅を決行。街を巡り、ひたすら見て、食べるを繰り返しました。どこからともなくいい匂いが漂ってくるローマの下町。トマトやオリーブオイルの鮮烈な香り、バジリコやミントの陶酔的な芳香。旅を終える頃には「イタリア料理をやろう」と固く決意していました。

石川 勉：1961年岩手県生まれ。東京・神宮前「トラットリア ラ・パタータ」で料理のキャリアをスタート。1984年にシチリア・パレルモへ渡り、イタリア各地で研鑽を積む。2000年独立し、念願のシチリア料理専門の店を立ち上げ、2006年より「トラットリア シチリアーナ・ドンチッチョ」オーナーシェフ。

帰国後、再び東京のイタリア料理店で働きましたが、イタリアで修業したいという気持ちは抑えきれず、1984年に渡伊。なんのツテもないまま、ともかくよりディープなイタリアを目指そうという魂胆から、シチリアに向かいました。映画「ゴッドファーザー」が大好きで、本土イタリアとは何か違うと感じていたシチリア。夢見ていた彼の地は果たして想像以上にインパクトに満ちていました。アフリカに近いという立地、様々な民族が支配したという歴史、それらが折り重なり、街にも人にも食べ物にも色濃く影を落としている。そして、'80年代のパレルモには、「ゴッドファーザー」的な家族の深い絆と煌びやかな世界もまだ健在でした。葉巻をくゆらせボルサリーノを被った紳士と宝石をこれでもかと纏った女性のカップル、きちんと身なりを整えた少年少女を伴った家族づれ。石川シェフは、そんな人々が集う街随一のリストランテで働き口を見つけ、わからない言葉に苦労しながらもスタッフに恵まれて可愛がられ、そして何よりも日々大量の野菜や魚を料理することで、体の中にシチリアを充満させていつ

スタッフを連れてシチリア研修へ。写真はアグリジェント訪問時、開店当初のメンバーと。

たのです。

　パレルモで一年を過ごした後はフィレンツェやボローニャ、ミラノでも働き、帰国の途につきました。その頃の東京はバブル経済も最高潮、イタリア料理店が次々とできた時代です。石川シェフもほどなくしてシェフとして店を任されます。しかし、自分がやりたいシチリア料理への世間の関心は薄く、求められるのは"東京イタリアン"。ようやくシチリア料理の看板を掲げる「トラットリア ダトンマズィーノ」の開店にこぎつけた時には、帰国から十年以上も経っていました。

2000年から6年間営業したこの店は、店舗に問題が生じて突然閉店。「トンマズィーノ」のシチリア料理ファンの惜しむ声はもとより、スタッフをどうしたらいいか。石川シェフの料理に憧れ、人柄に惹かれ、もっと一緒に働きたいと熱望する彼らのため、急転直下の出来事で茫然自失していた自らを奮い立たせ、奔走したのです。そして9ヶ月後、「トラットリア　シチリアーナ・ドンチッチョ」をオープン。前店のスタッフが欠けることなく全員が再び揃ったというのは異例のことで、それほどにチーム石川の結びつきが強いことの表れでした。石川シェフがスタッフを大切にするのは、シチリアでの経験が深く関わっています。仕事は何よりも真剣に、だからこそ厳しく指導もするけれど、楽しむことも忘れない。冗談を言い合い、家族のような一体感を持つ。シチリアでは何年も何十年も同じスタッフが勤める店も少なくありませんが、それも、この一体感があるからこそなのです。ドンチッチョに多くの人が惹かれるのは、そんなところにも理由があるのかもしれません。

2016年で10周年を迎えた「トラットリア　シチリアーナ・ドンチッチョ」。積み重ねてきた時間による味わいが空間に滲んでいる。オリーブの木陰に掲げられた、昔風の書体の「Don Ciccio」の看板のもとに、毎晩各界で活躍する食客が集う。その人気ぶりは壮観のひと言。

地中海に浮かぶ最大の島シチリアは、州都パレルモ、第二の都市カターニアのほか、各地にそれぞれの文化が発達。食も土地ごとに異なるところが面白い。

シチリア島

チーム石川は、「ドンチッチョ」、「ラ・コッポラ」、「シュリシュリ」の三軒から成る。選んだわけではないけれど、気がつけば完全男組。厨房の仕込みとホールの準備は同時に始まり、時折り冗談を交わしながらも手は止まらない。和やかさと心地よい緊張感の調和がチーム石川の持ち味。

で　も、なんといっても、ドンチッチョの最大の魅力はシチリア料理。石川シェフがそもそもシチリア料理を選んだ理由は、「毎日食べても飽きないから」。オリーブオイルやハーブを味の決め手に使うシンプルでヘルシーな調理法の上、野菜にしても魚介にしても旬を大事にするところは日本人にも合っていると確信しています。材料のコンディション次第で、塩加減や調味料の使い方は臨機応変に調節しなければなりませんが、それも逆に面白いところ。また、シチリア料理は身近な素材を縦横無尽に使いこなし、残ったパンも無駄なく使うような"始末の料理"でもあります。食材を大切にし、美味しく作って残さず食べきる。フードロスの問題が深刻化している現在、こういった将来的な課題についてもシチリア料理から解決のヒントが得られるかもしれません。

石　川シェフにとって欠かせないのは、年に一度のシチリア行き。現地では同じ名前で呼ばれる料理も地域が変われば内容も変わります。例えば、ドンチッチョでは定番のなすのカポナータも、ところによってはアーティチョークが入っていたり、マグロが入っていたり。何度訪れても新しい発見があります。また、ワイナリーでは造り手に話を聞き、畑を見、彼らと食事をともにしながら四方山話をすると、薄れかけていた自分の中のシチリアが再び色濃く輝き出します。メールやSNSで繋がっている気がしていても、直接顔を合わせ、自分の五感でその土地を感じる一瞬の方がはるかに深く心に刻み込まれるのです。スタッフにもそんな体験をしてもらいたいとシチリアに行かせたり、連れて行くこともあります。「シチリアで食べた料理は、うちの料理と同じだ。日本風にアレンジしたものではなく本物のシチリア料理なんだ」とスタッフ全員が感じとれれば、それはお客様に伝わっていくと石川シェフは信じています。

このレシピ集には、石川シェフが積み上げてきた経験と作り続けてきたシチリアの味、シチリア愛が込められています。1ページ1ページに込められた"シチリア"をどうぞたっぷりお楽しみください。

Gli elementi fondamentali della cucina Siciliana

シチリア
その美味と
料理をかたちづくるもの

地中海のほぼ中央に浮かび、古代ギリシャ、古代ローマ、ビザンチン、アラブ、ノルマン、スペインと数々の征服者によってその度に新たな文化が注入された万華鏡のような島、シチリア。異国文化の影響はもちろん食にも及び、イタリア本土とは異なる多彩な郷土料理が発達しました。その陰には、温暖な気候が育む野菜や香草、海の幸があります。シチリア料理を知るには、まず食材から。トラットリア　シチリアーナ・ドンチッチョのめくるめく味の世界へと続く第一歩です。

本ページはトマトのパッサータを仕込む様子。果肉が厚く、水分が少ない完熟のサンマルツァーノ種トマトを手でつぶしながら鍋に入れて煮込む。

トマト1kgに対してたまねぎは1/4個。少量でも味に深みを与える重要な役。

十分に煮込んだ後で漉す。ムーランには一番目の細かい替え刃をセットする。

Salsa di pomodoro
トマトソース

Passata di pomodoro
トマトのパッサータ

Soffritto di cipolla
炒めたまねぎ

最も重要なイタリア料理の素材といえばトマト。シチリアはその二大産地の一つで、もう一方のプーリアが加工用トマトの生産が中心なのに対し、シチリア産トマトの大部分は生食や一般の調理向け。そのほとんどが、シチリア南東部パキーノとその周辺で栽培され、地名を冠した地理的表示保護のIGPパキーノ産トマトとして全国に出荷されています。

パキーノのトマト栽培地としての歴史は1980年代末からとさほど長くはありませんが、乾いた空気と高い気温のもと、水やりを厳しく制限することで理想的なトマトを生み出すことに成功しました。

IGPパキーノ産トマトには、ミニトマトからこぶしよりも大きなものまで数種類がありますが、いずれも肉質がしっかりして甘みたっぷり。生食はもちろんのこと、ドライトマト、トマトソースなど保存食にも適しており、シチリアの一般家庭では、トマトが出盛る夏になると大量のソースやドライトマトを作るのが習わしです。例えば、チリエジーノ（球形）やダッテリーノ（ナツメの実のような縦長形）といった小粒トマトはドライトマトに、細長く水分の少ないサンマルツァーノは水煮に、ピッカディッリまたはミニプラムと称されるやや小型で紡錘形のトマトはソースにといった具合に使い分けます。

シチリア料理の味の基本としてもう一つ、忘れてはならないのがたまねぎ。ゆっくりと炒めることで甘みを引き出し、様々な料理のベースやトッピングとして使います。シチリアで一般的に使われるのは、紫たまねぎのほか、白く平べったい形の大きなたまねぎ。シチリア南東部ジャラターナ産が有名で、甘みを生かしてパテやジャムにしたり、丸ごとローストして付け合わせにします。また、チポッラータ、シチリア方言でチプッダーダと呼ばれるアラブの伝統を汲む付け合わせもあります。たまねぎをEVオリーブオイルでソテーしてから少量の水で柔らかく煮、ビネガー、砂糖、塩で調味し、好みでミントを加えたもの。甘酸っぱい味がコトレッタやフリットなど揚げ物によく合います。たまねぎをいかに使いこなすかが、シチリア料理攻略の秘訣ともいえるでしょう。

Salsa di pomodoro
トマトソース

材料

ホールトマト … 2550g 缶×2缶
にんにく … 2片
EV オリーブオイル … 120g
たまねぎ … 50g　バジリコ … 1枝
水 … 200ml　胡椒 … 2g
塩 … 10g　砂糖 … 10g

作り方

1 鍋につぶしたにんにく、EV オリーブオイルを入れ、強火にかける。香りが立ったら、みじん切りにしたたまねぎ、ちぎったバジリコを加え混ぜる。
2 1にホールトマトを加え、空いた缶に分量の水を入れて内側に残っているトマトをこそげてさらに加える。
3 2に胡椒、塩、砂糖を加え、沸いたら弱火にして時々かき混ぜながら1時間近く煮込む。
4 完成の一歩手前で、にんにくを取り出し、泡立て器を使ってトマトの果肉を粗くつぶす。果肉の食感を残したいので、つぶしすぎないように。
5 味を見て、必要であれば塩（分量外）で調味する。
＊冷蔵庫で3〜4日保存可能。

Soffritto di cipolla
炒めたまねぎ

材料

たまねぎ … 1kg
無塩バター … 20g
EV オリーブオイル … 15g
塩 … 少々

作り方

1 たまねぎを繊維に沿って薄切りにする。
2 鍋に無塩バターを入れて弱火で溶かし、1を加え混ぜる。
3 EV オリーブオイルを加え、色がつかないように弱火でじっくりと炒めていく。歯ごたえが残る程度に仕上げ、塩を少々、甘みを引き出す程度に加える。
＊たまねぎは新たまねぎのような甘いものが理想。新たまねぎが手に入らないときはなるべく甘みのあるたまねぎを使う。
＊冷蔵庫で3〜4日保存可能。

Passata di pomodoro
トマトのパッサータ（裏漉し）

材料

サンマルツァーノ・トマト … 1kg
たまねぎ … 1/4個
バジリコの葉 … 2〜3枚
塩 … 少々

作り方（P8参照）

1 たまねぎは薄切りにする。
2 鍋にサンマルツァーノ・トマトを手でつぶしながら入れ、1のたまねぎ、ちぎったバジリコの葉、塩少々を加えて中火で煮込む。時々かき混ぜながら様子を見て、トマトの水分が足りないようであれば水（分量外）を加える。
3 20〜30分煮込んだら、目の細かいムーランで漉す。
＊冷蔵庫で3日ほど保存が可能。

Salsa e Pesto di base
基本のソース

料理に凛とした風味をプラスしてくれるのがケイパー。シチリアでは乾燥した土や岩の隙間などにもよく根付く丈夫な灌木で、その花の蕾を塩漬けにしたものです。シチリア全体で栽培されていますが、特に、パンテッレリア島産は地理的表示保護IGPパンテッレリア産ケイパーに認定されており、やや高価ではありますが、香り高く、パンテッレリア風インサラータ（P19）には欠かせません。また、エオリエ諸島のケイパーも隠れた名品とされ、特に大粒のものやククンチと呼ばれる花の後に成長した雌しべ（小さなきゅうりに似ている）はトマトやモッツァレッラと一緒に前菜として楽しみます。使い方はまず塩を洗い、1時間から半日ほど、好みの塩加減になるまで塩抜きします。粒のままサラダに使ったり、細かく刻んでオリーブオイルと合わせれば、肉や魚のシンプルなグリルを引き立てるソースになります。

Salsa di capperi
サルサ・ディ・カッペリ（ケイパーのソース）

サルサ・ディ・カッペリはボイルやグリルなどシンプルな魚介料理全般に。また鶏肉、豚肉などの淡白な肉質のグリル料理や、トーストしたパンにそのままのせてブルスケッタにも。

シチリアの香り
Aromi di Sicilia

保存食やソースにはハーブが欠かせません。シチリア伝統のハーブといえば、オレガノ。野生的でスパイシーな香りで、ほんの少し加えるだけで味わいにくっきりとした輪郭を与え、ぐっとシチリア料理らしくなる魔法のハーブです。

原産地は西アジアで、古代ギリシャ人がその芳しさを「山の美」と讃え名づけたのがオレガノの語源。羊や山羊をオレガノが自生する野原に放つとその肉質と乳質は極めて良くなると考えられていました。古代ローマ時代には、食用のほか、薬草としても頻繁に使われた記録が残っています。

イタリアでは主に4種類のオレガノが栽培されていますが、そのうちの一つが、オレガノ・シチリアーノと呼ばれるこの島固有の種。シチリアのオレガノのように白い花は、他の種のピンクや紫がかった花よりも香りが高いとされています。6月から8月の間に花が咲く直前の状態を刈り取り、束にして乾燥させます。

シチリアの市場では、乾燥させたオレガノの束が驚くほど安い値段で売られています。使う時にはこの束から葉と花を必要なだけむしり取り、場合によっては細かく刻みます。指でつまんですり合わせるだけでもむせるような香りが立ち上りますが、細かく刻むとより一層香りが強くなり、ほかの素材やオリーブオイルとのなじみも良くなります。

サルモリッリオはグリルした魚介をはじめ、魚介料理全般に。また、特に脂身のある豚肉のグリルやソテーにさっぱりとしたレモンの酸味がよく合う。

Salmoriglio
サルモリッリオ（オレガノとレモンのソース）

材料
EVオリーブオイル … 80ml
レモン汁 … 2個分（30ml）
オレガノ … 小さじ2
イタリアンパセリの
　ごく細かいみじん切り … 小さじ1
にんにくの
　ごく細かいみじん切り … 少々
黒胡椒 … 適宜

作り方
ボウルに材料をすべて入れたら泡立て器でよく混ぜる。オレガノの香りを生かすため、にんにくはごくわずかにした方が良い。
＊冷蔵庫で4〜5日保存可能。

シチリアではオリーブは葡萄と並び、重要な農産物。紀元前8世紀には入植した古代ギリシャ人によって栽培が盛んに行われていました。しかし、それ以前から土着のオリーブは存在し、今日でもオリーブ（栽培種）に駆逐されることなくオリヴァストロ（野生種）が生き残っているのが、シチリアという島の特徴です。

地中海最大の島であるシチリアは様々な地勢に富み、それゆえにオリーブも土地ごとに固有の品種が発達しました。およそ25品種のうち、8品種が主だった栽培種として定着し、他の南イタリア産とは全く異なるシチリア独特のオリーブオイルを作り出しています。

石川シェフのコレクション、シチリア焼き陶瓶入りのオリーブオイルと、ドンチッチョのロゴ入りパン用のオリーブオイル皿。

Olio d'oliva
オリーブオイル

Olio "Don Ciccio" all'aglio
ドンチッチョのにんにくオイル

作り方は、にんにくのみじん切りとEVオリーブオイルを1：3の割合で合わせる。冷蔵庫で4〜5日保存可能。にんにくは、その香りを保ちながらマイルドな風味となり、パスタソースや魚介料理、肉料理など様々に用いられる。にんにくだけ、オイルだけといった具合に料理に応じて使い分けている。

「オリーブオイル生産者の親爺さんに教えてもらった食べ方でね。パンにさっとトマトの香りを擦りつけて、オレガノをこれでもかというほどたっぷりふったら、EV オリーブオイルをかける。これを食べるとシチリアに帰って来た！という気持ちになる」と語る石川シェフ。

Pane condito

オリーブ農家の田舎風ブルスケッタ

材料と作り方
シチリアのごま付きパンの厚みを半分に切り、軽くトーストする。
下側のパンの切り口にカットした完熟トマトを擦りつけ、さらに塩、
オレガノをふり、EV オリーブオイルをたっぷりかける。

ドンチッチョで料理の仕上げに使うシチリア産ノチェッラーラ種の EV オリーブオイル。

品　種ごとに風味にはそれぞれの個性が表れますが、シチリアのオリーブオイル全般に共通する特徴の一つが、青いトマトの香り。かつて、品質よりも量産が要求された時代のシチリアのオリーブオイルは、黄金色でかすかに甘みを持ったどちらかというとマイルドな味わいでしたが、生産技術の発達と収穫の早期化の結果、清々しい緑色とフレッシュでフルーティな風味が際立ち、まるで野菜と一緒に搾ったような、と形容されるまでになりました。

　苦みや辛みはさほど強くなく、何よりも果実味がしっかりとしたシチリアのオリーブオイルは、野菜はもちろんのこと、肉、魚、パスタ、どれに合わせても主役を引き立て、料理の仕上げにかけると香り、そして味わいに複雑さと奥行きをもたらします。

　シチリア料理を作るにあたり、まずはシチリアのオリーブオイルの味を確かめてください。そのまま味わうほか、炙ったパンに半分に切ったトマトの切り口を擦りつけて塩をふり、その上にたっぷりとオリーブオイルをかけて食べます。トマトの香りとオリーブオイルの香りの相乗効果に圧倒されることでしょう。これが、シチリアの味の元の元。この味わいをしっかり味覚の記憶に刻み込み、使いこなすことが、本物のシチリア料理にたどり着く近道です。

Pesci marinati
魚介マリネの盛り合わせ

Pesce spada marinato カジキ
Gamberi marinati エビ
Alici marinate ヒシコイワシ
Salmone marinato サーモン
Tonno marinato マグロ

海の幸
Frutti di mare

（左）ヒシコイワシはビネガーで締めた後、オリーブオイル、ミント、にんにく、塩で調味する。
（下左）マグロのマリネには、バジリコ、イタリアンパセリ、オレガノを細かく刻んで調味料とともに全体にまぶす。
（下右）エビはにんにくとレモンでマリネ。ヒシコイワシやマグロに比べるとマリネする時間は短い。
以上のレシピは P106 参照。

四方を海に囲まれた島であるがゆえ、海の幸に恵まれたシチリア。しかも、単に魚種が豊富というだけでなく、シチリアならではの魚介とその料理のバリエーションが充実しています。その代表的なものが、マグロとカジキです。

マグロとカジキはともに百キロを超えるほど成長する大型魚ですが、シチリアでは紀元前の昔よりフェニキア人がその漁を得意とし、伝統として受け継がれてきました。特にシチリア西部トラーパニ沖合いで行われるマッタンツァと呼ばれる囲い込み漁は、マグロの群れと大勢の漁師たちが繰り広げる死闘で知られています。昨今はマグロの回遊路の変化により、大群がシチリアを通らなくなったため漁が行われる機会は激減しましたが、マグロ料理はシチリアの食文化の一端を担う重要な存在であることに変わりはありません。

マグロの赤身に対して白身の王者、カジキ。この魚の伝統的な漁も舳先が殊のほか長い漁船を使う特殊なスタイルで知られます。上顎が刀のように長く、シチリアの市場ではその先にレモンなどを刺して店頭に鎮座している様をよく見かけます。脂ののったカジキは、グリルのようなシンプルな調理をはじめ、ハーブなどで風味づけたパン粉をまぶすパレルモ風（P91）や、松の実やレーズンを使ったインヴォルティーニ（P93）など、食材としての応用力の強さではマグロを凌駕するといっても過言ではないでしょう。

もう一つシチリア料理になくてはならない魚はイワシ。焼く、揚げる、煮込んでパスタのソースに、南蛮漬けに、具を挟んだり巻いたり、シチリアの人々はいかにしてこの魚を美味しく食べようかと工夫に工夫を凝らしてきました。マグロやカジキに比べて圧倒的に安い魚だからこそ日々の食卓に上り、バリエーションが広がったのです。

そのほかに、シチリアで食べられる魚介としては、リッチョーラ（ブリの仲間）、タチウオ、ハタ、エビ、イカ（モンゴウイカ、コウイカ、ヤリイカ）などがありますが、いずれにしても鮮度が良いものは生でも食べるのが海岸地方では当たり前。また、春先に出盛るネオナータ（シラス）を、生のままレモンとオリーブオイルだけで、あるいは衣で軽くまとめて揚げるフリットは格別の旬の味。過不足なく手を加えて豊かな海の幸を満喫する、それがシチリア魚介料理の極意なのです。

カサゴやタイ、イワシ、ホウボウ、アジ、タチウオなど、ドンチッチョでは生きのいい魚介を常に揃え、その魚に合った調理法で提供している。

Benefici di terra

フィレンツェで交配された全体が紫色で丸々とした
なす。シチリアでは米なすとともによく使われる。
中は種が少なく、アクも少ない。

朝、シチリアの街でひと際の喧騒を見せているのが市場。怒鳴っているような威勢のいい売り手の掛け声、山と積まれた巨大な野菜、床や地面に散乱する切り落とした余分な葉、どこをどう見てもワイルドそのもの、激しいのひと言に尽きます。お世辞にも綺麗なディスプレイとは言えませんし、見た目も大小ばらつきがありますが、それでも野菜たちの堂々たる姿は見るものの心に「絶対美味しい」と思わせるパワーに満ちています。

　一年を通じて温暖なシチリアですが、野菜にははっきりと四季が表れます。春はアーティチョーク、そら豆、グリーンピース、ミスト・カンポと呼ばれる野草いろいろ。アーティチョークはグリルや煮込みにしたり、茹でたり焼いたりした後オリーブオイルとビネガーに漬けて保存食にもします。そら豆とグリーンピースはスープや煮込み、パスタソースに。ミスト・カンポは専らサラダに。春先が旬となるオレンジもフェンネルとともにサラダとして食卓に上ります。

　初夏になると俄然生き生きとしてくるのがなす、ズッキーニ。なすはヘタが緑色の米なすのほか、コロンと丸くヘタまで紫色のもの、紫と白の細かい縞模様のもの、白なすなど様々。一番よく使われるのは、米なすと丸い紫なすです。しっかりアクを抜いて油で揚げ、トマトで煮込んだ甘酸っぱいカポナータ（P53）はシチリア野菜料理の代表格。ズッキーニも揚げてバジリコやミントなどのハーブとパスタに和えるのが夏の昼食の定番。また、テネルーミと呼ばれる細長いズッキーニの若い葉を細めのパスタとともに仕立てるあっさりとしたスープは他の土地では味わえません。

　秋はきのこ。意外にも思いますが、シチリア北東部の自然公園にも指定されているネブロディ山脈はきのこの産地。この時期、ポルチーニ茸のほか様々なきのこが店頭に並びます。そのほか、シチリアではブロッコリーとも呼ばれるカリフラワーも秋から冬にかけてが旬。パスタやグラタン風にします。季節が深まるにつれて次第に巨大化していくカリフラワーは、大家族の胃袋を宥める強い味方です。そして冬は、夏から秋にかけて作ったトマトやそのほかの野菜の保存食が食卓を彩ります。野菜が豊かだからこそ、シチリアの食はカラフルかつ底力に満ちているのです。

シチリアで春を告げる野菜といえば、アーティチョーク、そら豆、グリーンピース。この三つを使って煮込むフリッテッダは旬のご馳走。また、乾燥させたそら豆は通年利用できる、シチリア人にとってなくてはならない素材。

Benefici di terra
大地の恵み

フリッテッダは、フリッテッラ（衣揚げ、ベニエ）でもフリッタータ（オムレツ）でもなく、シチリアではアーティチョークとそら豆とグリーンピースの煮込みのこと。シンプルに塩味で、あるいは甘酸っぱく。家庭それぞれの味がある。料理の作り方は P106 参照。

Frittedda
フリッテッダ（そら豆、グリーンピース、アーティチョークの煮込み）

Insalata alla Pantesca

パンテッレリア風インサラータ（じゃがいもとケイパーのサラダ）

シチリアの南に浮かぶ小さな島パンテッレリアの名産ケイパーが主役のインサラータ。補佐役はじゃがいも。好みでオリーブ、トマト、紫たまねぎをプラス。それから、忘れてはならないのがオレガノ。これも同じ島の特産の一つ。料理の作り方は P106 参照。

Insalata d'arancia e finocchi
オレンジとフェンネルのインサラータ

オリエントからやってきたオレンジと地中海地域原産のフェンネルの組み合わせは、多民族の文化が溶け込んだシチリアを表す。上質なシチリアのオリーブオイルとともに。

料理の作り方は P106 参照。

20

州都にして島最大の街パレルモは、東側はティレニア海に面し、残り三方は山に囲まれた盆地のような地形です。住宅が密集する市街と山の間の斜面には柑橘の畑が広がっており、その実がなる頃は斜面が黄金色に輝いて見えることから一帯はコンカ・ドーロ（黄金の盆地）と呼ばれてきました。最近はコンカ・ドーロにも宅地化の波が押し寄せ、柑橘畑はだいぶ縮小されてしまいましたが、この地の一部地域チャクッリで栽培されている晩熟マンダリーノ（小ぶりのみかん）は特に香りが強く甘いことで知られ、スローフード協会による保護すべき食品に認定されています。

柑橘は、インドや西アジアが原産で、イタリアにはシチリアに最初にもたらされたというのが定説です。はじめに植えられたのはチェードロ（シトロン）で、やがてアランチャ・アマーラ（ビター・オレンジ）も加わり、当初は観賞用または薬用として栽培されていました。常緑の美しい葉、芳しい香りの花、冬に黄金の実をつける木は、永遠の春・永遠の若さのシンボルとして好まれ、エデンの園をイメージして庭に植えることが古代ローマやルネサンス期の貴族の館の慣習でした。

現在、柑橘の栽培はシチリア全島の特に海岸に近い地域で盛んに行われ、島全体の生産量はイタリア全体の三分の二を占めるほどの柑橘大国です。栽培される種類も多岐にわたり、地理的表示保護のIGPシチリア産アランチャ・ロッサ（ブラッド・オレンジ）、原産地呼称保護のDOPリベーラ産アランチャのほか、DOPシラクーサ産レモン、IGPインテルドナート種レモンをはじめとする地域特有の品種が各地で作られています。

シチリア料理にとってオレンジやレモンは、最も身近な食材の一つ。魚介との相性がいいので、実はもちろんのこと、皮も香りづけに頻繁に使われますが、シチリアならではの柑橘の食べ方はインサラータ。オレンジだけ、あるいはフェンネルと一緒にオリーブオイルと塩でシンプルに仕立て、オレンジとオリーブオイルの絶妙なコンビネーションを味わいます。野菜が地味になる冬の食卓を華やかに彩る一皿です。

シチリア産ブラッド・オレンジ、タロッコなどとも呼ばれる果肉の一部あるいは全体が赤いオレンジ。正確にはタロッコは、IGPシチリア産アランチャ・ロッサとして認定された3種のうちの1つ。シチリアのレモンはアマルフィのレモンよりも小型で果肉がジューシーなのが特徴。

柑橘類
Agrumi

乾いた土地でも育つナッツはシチリア料理に欠かせない素材です。特に、アーモンドとピスタチオはシチリアの名産品としても知られています。

アーモンドはシチリアのほぼ全島で栽培されていますが、有名なのは南東部ノート周辺で栽培されているもの。アヴォラ・アーモンドとも呼ばれます。このノートのアーモンド栽培の歴史は古代ローマ時代に遡り、スローフード協会による保護すべき伝統食品にも認定されています。19世紀の農学者が調べたところによると、シチリアには752種ものアーモンドが存在するそうですが、現在、ノートで主に作られているのはロマーナ、ピッツータ・ダヴォラ、ファショネッロの3種。中でもピッツータ・ダヴォラは強い風味が特徴ですが、生産量が少ない希少品です。ちなみに、シチリアでアーモンドといえばもう一つ、アグリジェントの神殿の谷も有名。2月になるとアーモンドの花が一斉に咲き、うっすらとピンク色の霞みがかかった神殿はとても幻想的です。

一方、ピスタチオはエトナ山麓のブロンテの名産品。イタリアのピスタチオとしては唯一の原産地呼称保護DOPブロンテ産ピスタチオの生産地であり、その品質の高さでも知られています。ごく限られた地域で栽培されているため生産量に限りがあり、かなり高価。それでも、他の土地で生産されるピスタチオとは違う濃い緑色と香ばしい香りは、料理を一変させてしまう力があります。入手困難ですが、手に入ったらぜひたっぷりと使ってみてください。一気にシチリアの味わいとなること、間違いありません。

そのほかにシチリア料理でしばしば登場するのが松の実。ピスタチオの次に高価なナッツですが、より馴染み深い素材で、小粒のカレンツレーズンとともによく使われます。例えば、カジキのインヴォルティーニ（P93）やイワシのベッカフィーコ（またはキアッパP50）などの詰め物には必須。歯触りとコクをもたらす重要な存在です。

ナッツ類
Frutti

Verdure croccanti con noci e mandorle
野菜のくるみ＆アーモンドフリット

ズッキーニとパプリカに香ばしいナッツの衣を纏わせて。

Strozzapreti alla crema di pistacchi
ストロッツァプレーティのピスタチオクリーム

カリっとした食感とピスタチオの風味を堪能する一皿。

Fusilli alla Trapanese
フジッリのトラーパニ風
（カリフラワーとアーモンドと豚ラグー）

歯ごたえ楽しいカリフラワーのフリットがポイント。

Patè di pistacchi
ピスタチオのパテ

ピスタチオを主役に、チーズやハーブでコクと爽やかさを添えたペースト。パスタのソースに加えるほか、炙ったパンにのせてブルスケッタにしたり、グリルした白身魚にもよく合う。

4点とも料理の作り方は P107 参照。

Mollica
モッリーカ（炒ったパン粉）

モッリーカの作り方は、細かく挽いたパン粉をフライパンに入れ、EV オリーブオイル少々を加え弱火で全体がこんがりとするまで炒る。ほんの少し、オリーブオイルを加えたり、砕いたナッツを加えて変化をつけることも。

Spaghetti con acciuga e mollica
アンチョビとモッリーカのスパゲッティ

　他の地域ではまず見かけない"調味料"、モッリーカ。モッリーカとはもともとラテン語でパンの内側の白い部分を意味しましたが、シチリアでは細かく挽いたパン粉をそのまま、あるいは少量のオリーブオイルを加えて炒ったものもモッリーカと呼びます。これを、パスタにふりかけたりソテー料理に加えたり、オーブン料理では型の内側にまぶしたり表面にもふりかけて、香ばしい香りと食感を与えるのがシチリア流です。

　口の悪い人は「貧乏人のチーズ」などと呼びますが、独特のコクとサクサクとした食感はペコリーノやパルミジャーノ・レッジャーノとは全く別の味わいをもたらしてくれます。また、チーズに比べて塩味がほとんどないので、アンチョビのような塩味との相性が良く、アンチョビのパスタにモッリーカはつきもの。ソースの水分やアンチョビの油分を吸ってモッリーカ自体にも旨味がのり、シンプルなパスタにパンチを与えます。軟質小麦の白いパン、硬質小麦の黄色味がかったパン、どちらを使ってもモッリーカと呼ばれますが、硬質小麦のパンを使ったモッリーカは、白い小麦粉にはない甘さと香りが料理を引き立てます。

　モッリーカに、みじん切りのイタリアンパセリを混ぜたり、刻んだアーモンドを加えたり、さらにはトマトソースと混ぜ合わせたり、シチリア料理においてモッリーカのアレンジはかなり自由自在。固くなったパンの再利用から生まれた始末的食材のモッリーカ、シチリア料理の懐深さとたくましさを感じさせる存在です。

炒ったパン粉とアンチョビで食べる、シチリア庶民の味。シンプルに見えてその実、手間暇がかかっている。安くても美味しく食べたいという意気込みがこもった一皿。
上と右ページの料理の作り方はP107〜108参照。

Vermicelli con gamberi e conza

エビとコンツァ（アーモンド入りパン粉）のヴェルミチェッリ

エビを使ったちょっと贅沢なパスタには、隠し味にブランデーを加えて甘みを出し、モッリーカにはアーモンドを加えてバージョンアップ。太めのヴェルミチェッリとソース、コンツァによる黄金バランスが完成。

Peperoni alla Siracusana

パプリカのシラクーサ風

赤と黄のパプリカに、松の実、レーズン、ケイパー、オリーブといったシチリアお馴染みの食材を合わせ、ミントとバジリコで爽やかさを、モッリーカで香ばしい食感をプラス。野菜だけとは思えない充実ぶりに脱帽。

Maiale all'isolana

豚のイゾラーナ風（豚ソテーのポルチーニ添え）

豚ロースのソテーをポルチーニ茸のソースで軽く煮込む。それだけで
もご馳走なのに、じゃがいも、トマト、オリーブも加えて味に奥行き
と見た目に華やかさを添える。シチリア的足し算料理の典型的な一例。

Falsomagro

ファルソマグロ（豚のミートローフ風）

肉をたたいてのばし、挽肉や卵、ほうれん草、あればカチョ
カヴァッロやモルタデッラなど旨味のあるものを次々と巻
いてロースト。フランス料理の影響を受けたシチリア貴族
お抱え料理人によるご馳走料理。

肉のご馳走

Delizie di carne

料理の作り方は左ページとも P108 参照。

Delizie di carne

肉のご馳走

伝統的なイタリア料理の基本は"クチーナ・ポーヴェラ"、つまり身近な素材を使いこなして美味しく食べる料理です。高級な素材はごく限られた身分にだけ許されたもので、大多数の庶民が普段食べてきたのは、野菜や豆、チーズなどのポーヴェラ（「貧しい」という意味）な食材です。そんな庶民がたまに食べることができたのが、肉。特に豚は冬場につぶしてハムやサラミなどを作った残りを煮込みやローストにして食べるご馳走でした。

シチリアもそんなイタリア伝統にもれず、肉料理はとっておきのハレの食事の主役でした。鶏は比較的手頃だったにしても、仔羊は春の復活祭の行事食、豚は年末年始の特別食、牛に至っては、一度も食べることなく一生を終えることも珍しくありませんでした。現代ではさすがに豚も牛も一般的な食材となりましたが、ハレの食材であった歴史は、肉料理にバリエーションと晴れがましさをもたらしました。特に、18世紀から19世紀にかけて貴族の館で召し抱えられていたモンスー*と呼ばれる料理人たちが、シチリア料理に手間暇をかけた肉のご馳走料理というジャンルを完成させたのです。

例えば、ファルソマグロ。シチリア方言ではファルスマグルーともいい、簡単にいえばミートローフ的な料理で、仔牛でも牛でも豚でも好みの肉を選んでたたいて薄くのばし、挽き肉もしくはサルシッチャ、ほうれん草、ゆで卵などを包み込んでポットローストにしたもの。具材にはパンチェッタやモルタデッラ、プロシュート・コット、ペコリーノやカチョカヴァッロなどを使うこともあり、ともかく、手に入る限りの贅沢な素材をどんどん中身につぎ込むのがファルソマグロです。イタリア語としてはこの名前、ファルソ（偽りの）マグロ（痩せた）となり、こんなリッチな料理の名としては矛盾を感じますが、実はファルソ（ファルス）とはフランス語のファルシ（詰め物）であり、マグロ（マグルー）は脂肪の少ない肉のこと。アラゴン王家がシチリアを統治していた時代にモンスーが作り出した料理が原点なのです。

シチリアでは肉にさらに贅沢な素材を合わせる足し算料理が基本。スペイン王家がもたらしたバロック的な性格が肉料理に反映されたと言えるのではないでしょうか。

*モンスーとはフランス語のムッシュが訛った言葉。

Paradiso di fritti

揚げ物パラダイス

黄金色のアランチーナ、いわゆるライスコロッケはシチリアの揚げ物文化、あるいはストリートフード文化を代表する一品。飛行機でシチリアに着き、空港のバールのショウケースにアランチーナが並んでいるのを見ると、ああシチリアにやってきたと思うのです。街中でもカフェや総菜屋、パン屋などいたるところにアランチーナは売られています。その大きさはテニスボールくらい、場合によってはソフトボールくらいもあって、シチリアの人々はおやつに軽食に、時を選ばず小腹満たしにつまんでいます。

アランチーナは、「アランチャ（オレンジ）の小さなもの」という意味ですが、実はシチリアでは、パレルモから西ではアランチーナ、東ではアランチーノと呼び方が変わります。その理由ははっきりとはしていないのですが、シチリア方言の研究者によれば、現在は実のなる木は男性名詞（例えばオレンジの木はアランチョ）、実は女性名詞（オレンジの実はアランチャ）と区別されますが、第二次世界大戦の少し前に、東側ではアランチーノという男性名詞が定着し、西側では書き言葉としての女性名詞アランチーナが一般的になったとされています。

アランチーナは、アラブ人が煮た米を手のひらにのせ、その上に羊肉をのせて包むように食べたのが由来と言われますが、それが揚げ物となったのは19世紀終わり頃のようです。現在のアランチーナのライスと具には幾つかのバリエーションがあり、伝統的にはサフランを使った黄色いライスにラグー（ミートソース）を包むのですが、トマトソースを使ったライス、刻んだほうれん草を加えたライスなどもあり、具も、チーズとプロシュート・コット、たまねぎとグリーンピースとベシャメルなど様々。形も球形のほか、円錐形、俵形などがあります。

表面はカリっと、中はぎっしり詰まっているのが正しいアランチーナ。リゾットではなく茹でた米を調味する作り方もある。
レシピはP108参照。

Arancina

アランチーナ
（ライスコロッケ2種、ラグー／プロシュート・コット）

固めに作ったサフラン味のリゾットで、ラグーとカチョカヴァッ
ロ、プロシュート・コットとモッツァレッラそれぞれの具をおに
ぎりのように包んで揚げたライスコロッケ。熱々よりもちょっと
温かいくらいで食べる、庶民のおやつ。

Paradiso di fritti

パネッレの生地は、ひよこ豆を水に溶いてから弱火にかけてよく練るとさっくりとした食感になる。

　南イタリアは中部以北に比べ、揚げ物をよく食べる地域ですが、中でもフリッジトリア（揚げ物屋）の多いナポリと、バールや総菜屋に様々な揚げ物が並ぶシチリアは揚げ物文化が発達した二大地域です。揚げ物は、貧しい人々が労働の合間にとる手軽な栄養補給源として広く普及したのですが、その分、カロリーが高く非健康的という理由で敬遠される向きもあります。しかし、昨今イタリアではストリートフードが爆発的なブームとなり、伝統的な食の一例として見直す動きや、素材を厳選したより美味しい揚げ物を売り出す店も増えており、シチリアは揚げ物パラダイスの本拠としてにわかに脚光を浴びています。

　揚げ物パラダイスにおいて、先に挙げたアランチーナ（アランチーノ）を東の横綱とすれば、西の横綱はパネッレでしょう。ひよこ豆の粉を煮ながら練り上げたペーストを揚げたもので、サクッと軽い食感が後を引く美味しさ。ひよこ豆のペーストを焼いたり揚げるのは、リグーリアやトスカーナの海岸地域、さらには南仏のニースでも見かけますが、いずれもスナックとしてそのまま食べるのが普通です。一方、シチリア、特にパレルモでは、トラットリアでは前菜にそのまま、総菜屋ではパンに具として挟んで食べるのが伝統的なスタイル。

イタリアンパセリ、ミント、ペコリーノが入ったシチリア式じゃがいもコロッケのカッズィッツリ。小さめなので付け合わせにも。

　揚げ物パラダイスのそのほかの面々には、じゃがいものコロッケであるカッズィッツリ、なすの薄切りのコトレッタ、ベシャメルのフリット、トゥーマと呼ばれるチーズのフリット、柔らかいパン生地にプロシュート・コットの角切りを混ぜたフリッテッラなどがあります。珍しいところでは、ラグーもしくはミートボールと食パンをサンドイッチにし、串刺しにして衣をつけて揚げるスピティーニ（イタリア語ではスピエディーニ、串刺しのこと）フリット。手間がかかるせいか、あまり見かけることがありませんが、アランチーナやパネッレ・サンドに並ぶシチリア西部の王道的揚げ物スナックです。

パンカレ（食パン）でラグーを挟んで揚げるスピティーニ。串刺しにするところが名前の由来。石川シェフがパレルモ修業時代に通ったピッツァ店でお通し的に出されたという懐かしい庶民の味。左ページの揚げ物各種のレシピはP108〜109参照。

左ページ、下から時計回りに

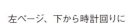

Panelle　パネッレ（ひよこ豆ペーストのフリット）

Cazzilli　カッズィッツリ（じゃがいものクロケッテ）

Cotoletta di melanzane　なすのコトレッタ

Spitini　スピティーニ（ラグーサンドイッチのフリット）

Mangia e bevi

マンジャ・エ・ベーヴィ（豚バラ肉の葉たまねぎ巻き）

パレルモの屋台名物、仔羊の腸のぐるぐる巻きのパンチェッタ（豚バラ肉）版。脂がじわりと滴り、炭火焼きのいい具合に焦げた匂いが鼻腔をつく。マンジャ（食べて）、ベーヴィ（飲め）の名前の通り、ワインとの相性はすこぶるいい。熱々のうちに切り分けて手でつまんで食べるのが粋。

Cibo di strada

ストリートフード

ストリートフード、道端などで食べるスナックやおやつ、というジャンルにおいてシチリアの右に出る街はなかなかないでしょう。それは、シチリアの気候が温暖であることにも関係しています。世界的に見てもストリートフードが充実しているのは一年を通して気温の高い地域がほとんど。命を繋ぐためカロリー摂取に真剣に取り組まなければならない寒冷地にはない、思いついた時に気ままにほしいものをつまむゆとりがあるからでしょう。

　ストリートフードの基本は、手頃な値段の素材をうまく使いこなすこと。代表的なものがパニーノです。本来は小さなパンを指す言葉ですが、ストリートフードの世界では、小型のパンを二つに切って具を挟んだサンドイッチを意味します。パレルモの名物パニーノといえば、パーニ・カ・メウサ。メウサとはシチリア方言でミルツァ（脾臓）のことで、仔牛の脾臓（時には肺も）を茹でてラードで揚げ、ごま付きのバンズ型のパンに挟みます。好みで胡椒やレモンをかけ、さらにカチョカヴァッロまたはリコッタを加えることもできます。

　パレルモの港や市場で肉を焼くいい匂いをさせているのは、スティッギウラルーと呼ばれる屋台。スティッギオラ（イタリアンパセリやネギを芯に仔羊の腸をぐるぐる巻きにしたもの）を炭火で焼いているのです。その場で切り分けてもらい、塩とレモンをたっぷりかけて熱々を頬張ります。長居は無用とばかりに、白ワインでさっと流し込むように食べて速やかに立ち去るのがパレルモ式ストリートフードの流儀です。

Pane cunzato all'Eoliana
エオリア風パーネ・クンツァート（野菜たっぷりサンドイッチ）

炙ったパンに、トマト、ケイパー、ツナ、モッツァレッラをのせ、オレガノ、オリーブオイルをかける、それがエオリア風。クンツァートとは、コンディート（調味した）のシチリア方言。

Pani câ meusa
パーニ・カ・メウサ（脾臓と肺のパニーノ）

パレルミターノ（パレルモの人）のソウルフード、ラードで揚げた脾臓を挟んだパニーノ。レモンをたっぷり搾ると臭みも消える。リコッタ・サラータも挟めばボリューム満点の一食に。

シチリアでも豚バラ肉は安くて手頃な食材、しかも巻くだけで手間もあまりかからない、理想的なストリートフード。
左ページのレシピは右2点ともに P109 参照。

33

Dolci
ドルチェ

Cannoli
カンノーリ

パリパリと歯ごたえ楽しい生地とぼってり濃厚なリコッタクリームのハーモニーが絶妙なシチリア・ドルチェの王様。中のクリームをカカオ味にしたり、飾るオレンジピールをピスタチオに替えたり、土地により店によりバリエーションはいろいろ。昨今は小さなサイズ（カンノリーニ）が人気。

作り方は P109 ～ 110 参照。

Cassata

カッサータ

リコッタクリームとスポンジと
マジパンを組み合わせ、砂糖
漬けドライフルーツで艶
やかにデコレーション。
カンノーリが王様なら
カッサータは女王といっ
た具合に、シチリアの
代表的なドルチェと謳
われる。復活祭の食事
の締めくくりに、甘いデザート
ワインと味わうのがシチリアの
伝統。

作り方は P110 参照。

Dolci
ドルチェ

カンノーリは、マルサラとラードで練った小麦粉の生地をラードで揚げた筒の中に、リコッタクリームなどを詰めた独特のお菓子。

多くのイタリア人にとってシチリアはお菓子の国、ドルチェが美味しい島です。そのシチリアのドルチェに欠かせない材料の一つがリコッタ。リコッタは、羊や山羊、牛の乳を加熱してチーズを作った後に残るシエロ（乳清）を再び煮て浮かび上がるタンパク質と脂肪を掬って集め、水気を切ったもの。塩を加えて熟成させるとリコッタ・サラータと呼ばれるチーズ的なものになりますが、ドルチェにはフレッシュなものを使います。

リコッタを使ったカンノーリとカッサータはシチリア菓子の双璧です。カンノーリはかつてカンナ（アシ）の茎に小麦粉ベースの生地を巻きつけて揚げたことからその名がついたと言われます。芯を抜いた後の空洞に砂糖と砕いたチョコレートを混ぜたリコッタクリームを詰めればカンノーリの完成。カリっとした外側の食感を味わうため、リコッタクリームは食べる直前に詰めるのが正しいとされています。

カッサータの名の由来は定かではなく、アラブ人が使っていた丸い器クアス・アト、あるいは、ラテン語でチーズを詰めて焼いた菓子を指すカセアトゥスが転じたものという説があります。いずれにせよ、小麦粉を使って円形の生地を作り、その中にリコッタクリームを詰めたものとして受け継がれました。現在のように、マジパンと砂糖漬けのドライフルーツで華やかに飾りつけるようになったのは19世紀末、ベル・エポック華やかなりしパレルモにあった王室御用達パスティッチェリアが始まりと言われています。

かつて、カンノーリは謝肉祭、カッサータは復活祭のお菓子として作られるものでしたが、今では一年中シチリアのどのパスティッチェリアでも売られています。そのほかにも、アーモンドをたっぷり使ったビスコッティやビアンコマンジャーレ（ブランマンジェ）、マジパンで果物や野菜などを実物そっくりに象ったフルッタ・ディ・マルトラーナ、スペイン統治時代に伝わった製法そのままのモディカ・チョコレート、豊富な果物やナッツを使ったジェラートやグラニータ（みぞれ状のシャーベット）などそれこそ数え切れないほどのドルチェがあるシチリア。イタリア人憧れのお菓子の国と呼ばれる所以です。

Semifreddo di nocciola e mandorla
ヘーゼルナッツとアーモンドのセミフレッド

ホイップクリームとメレンゲを合わせた中にヘーゼルナッツとアーモンドのプラリネを混ぜた優しい甘さの冷菓。

Tiramisù ai pistacchi
ピスタチオのティラミス

ピスタチオペーストを加えたマスカルポーネのクリームの濃厚な味わいとエスプレッソの風味を贅沢に味わう。

上2点と右ページのドルチェのレシピはP110参照。

Granita al caffè
エスプレッソのグラニータ

グラニータは、東のメッシーナと西のパレルモでは、氷
の粒の大きさ、なめらかさが違う。東では氷はごく細かく、
西ではやや粗い。どちらにしても、シチリアで食べるの
が一番美味しい。暑い日差しを避け、木陰に座ってカッ
プに入ったグラニータをスプーンで掬ってひと口。そんな
夏の思い出を鮮やかに蘇らせるコーヒー味のデザート。

Formaggi

チーズ

シチリアのチーズは、他のイタリア南部の各州と同様に、羊乳系（ペコリーノ）が主流。シチリアのペコリーノ作りは紀元前8世紀頃、古代ギリシャ人の入植とともに始まったと言われ、18ヶ月以上の熟成を経たものは原産地呼称保護のDOPペコリーノ・シチリアーノを名乗ることができます。使い方は、すりおろしてパスタにかけるだけでなく、イワシのキアッパ（P50）の詰め物やパン粉に加えて肉にまぶしローストするなど、主素材に旨味をプラスする役割を果たします。熟成が進むにつれ塩味や辛みが増してくるので、味見をして使う量や他の塩分とのバランスを図ることがポイント。また、ペコリーノに黒胡椒を加えたペコリーノ・コン・ペペやオレンジの皮の入ったペコリーノ・コン・ブッチェ・ダランチャは、料理に使うというよりはそのまま切り分けて前菜やワインのおつまみとしてその独特の風味を味わうのが良いでしょう。

　シチリアならではのチーズとして珍重されているのが、DOPラグサーノ。南東部ラグーサ近郊のイブレオ山地で作られる牛乳製のチーズです。凝乳酵素添加後の再加熱と発酵、直方体の形、縄で縛って吊るして熟成させるところなど、作り方は16世紀から変わっていません。若い時はややおとなしい味わいですが、熟成が進むにつれて辛みが増します。

　もう一つ、希少なチーズとされているのが、ピアチェンティーノ・エンネーゼ。サフランと黒胡椒を混ぜ込んだペコリーノです。伝説によれば、11世紀末、ノルマン人のルッジェーロ伯が愛人のうつ病を治すために当時その病に効くと考えられていたサフランを加えたチーズを作らせたのが始まり。ピアチェンティーノとはシチリア方言で「好ましい」という意味で、そのまま食べるのはもちろんのこと、パスタやリゾットに加えると風味が豊かになります。

　その他、リコッタに塩を加えて熟成させたリコッタ・サラータ、吊るして熟成させる牛乳製のカチョカヴァッロなどがシチリア料理にはよく使われます。

a b

c

d

e

ワイン（白）
Vini bianchi

果実味がしっかりしていて、すっきりとした酸とふくよかな香りが立ち上がるのが、シチリアの白ワインの特徴です。もちろん、品種ごとにはっきりとした違いがあり、また、同じ品種でも土壌や気候によってかなり味わいは異なってきます。

　白ワインを造る品種は主に、カタラット、グリッロ、インツォーリア、カリカンテ、ズィビッボなどがあります。カタラットは、シチリアで最も普及している品種で、その名が「多量な」という意味を表すように収量が多く、糖度も高いため、好んで栽培されてきました。かつてはマルサラのアルコール度数を高めるために使われることが多かったのですが、現在では多くのシチリア白ワインのベースとなっています。

　グリッロは、カタラットと並ぶシチリアの代表的な白葡萄で、トラーパニを中心とする西側で主に栽培され、糖度が非常に高くなるためマルサラの主原料として使われてきました。他の品種とのブレンドでワインに明快な骨格を与える役割を担う一方、単体でもしっかりとした厚みのあるワインとなります。

　インツォーリアとはシチリア方言の呼び名で、本来の名前はアンソニカといい、乾燥した気候や土壌でもよく育つので、シチリアでは古来、広く栽培されてきました。カタラットなど他の品種と合わせることで爽やかさやエレガントさを醸し出す葡萄です。単体ではミネラルの風味が前面に表れるので、特に魚介料理に向いているとされます。

a / Cusumano社 Jalé
クズマーノ社　ヤレ

b / Duca di Salaparuta社
　　Bianca di Valguarnera
ドゥカ・ディ・サラパルータ社
ビアンカ・ディ・ヴァルグアルネーラ

c / Avide社 Riflessi di Sole
アヴィデ社　リフレッシ・ディ・ソーレ

d / Donnafugata社 Vigna di Gabri
ドンナフガータ社　ヴィーニャ・ディ・ガブリ

e /Planeta社 Chardonnay　プラネタ社　シャルドネ

　カリカンテは、エトナ山周辺で主に栽培されてきた古くからの葡萄で、収量が多く見込める特性があり、カタラットやインツォーリアと合わせたり、同じエトナ山の黒葡萄品種ネレッロ・マスカレーゼに補完的に合わせるために作られてきました。単体では軽やかでフローラルな香り、爽やかな酸が楽しめるワインとなります。

　ズィビッボは、パンテッレリア島産のデザートワイン、パッシート・ディ・パンテッレリアを作る品種。同島のズィビッボ栽培はユネスコの無形文化遺産に登録され、さらに有名となりました。葡萄としての歴史は古く、フェニキア人が持ち込んだと言われ、現在ではシチリア全島で栽培されています。モスカート（マスカット）の一種であり、華やかで甘美な香りが特徴的。辛口のワインとしても造られています。

ワイン（赤）

Vini rossi

白ワインはもともとシチリア西部が生産の中心、一方、赤ワインの生産は東部に集中しています。白と同じく、赤も多様な品種と気候によって様々なタイプがあり、太陽の恵みを存分に受けたしっかりとしたフルボディから、繊細なベリー系の香りが特徴的なミディアムボディまでよりどりみどり、料理に合わせて選びたいものです。

　最も有名な品種は、ネロ・ダヴォラ。南東部のノート周辺が原産地ですが、長らく他の葡萄の補完的な役割を担ってきました。ネロ・ダヴォラのポテンシャルに注目し、その力強さを引き出すワインが造られるようになったのは1970年代以降。フラッパート種と合わせるチェラスオロ・ディ・ヴィットリアDOCGをはじめ、多くのDOCワインのベースとなっています。また、単体でも紫がかった深みのある赤、厚みのあるボディ、花のような香りとクローブやリコリスに似たスパイシーな味わいが楽しめるワインとなります。

　ネロ・ダヴォラと同じく、南東部の品種であるフラッパートはネロ・ダヴォラとの相性の良さで知られています。その名が「フルーティ」に由来すると言われるように、単体で造られたワインは明るいルビー色と柔らかなタンニン、果実味溢れる軽やかな味わいが特徴。やや低めの温度にすると、魚介を使った軽い料理とも合います。

　古代ギリシャ人がもたらし、エトナ山麓で根付いたネレッロ・マスカレーゼ種は、高級ワインの代名詞として古来知られてきました。オレンジ色を帯びた褐色に近い赤色、マッチを思わせるような火山由来のミネ

a / **Palari社 Faro**
パラーリ社　ファーロ

b / **Donnafugata社**
Mille e Una Notte
ドンナフガータ社
ミッレ・エ・ウナ・ノッテ

c / **Planeta社 Santa Cecilia**
プラネタ社　サンタ・チェチリア

d / **Duca di Castelmonte社**
Cabernet Sauvignon
ドゥカ・ディ・カステルモンテ社
カベルネ・ソーヴィニヨン

e / **Cusumano社 Noa**
クズマーノ社　ノア

ラル香、クリアな酸としっかりとしたタンニンがあり、長期熟成を経ると独特の華やかさが出現することから、しばしばブルゴーニュの赤とも比較されます。

　ネレッロ・マスカレーゼとともに使われるのが、同じエトナ山麓産のネレッロ・カップッチョ種。ネレッロ・マスカレーゼ主体のエトナ・ロッソDOCに20%まで加えることで、柔らかなバニラ香や花のような香り、繊細さをもたらします。単体ではあまり造りませんが、ネレッロ・カップッチョ主体のワインはバランスの良いまろやかな味わいとなり、赤身肉のシンプルなグリルやチーズによく合います。

2

Il mio piatto mitico, l'amore per la Sicilia

シチリアへの愛を
ひと皿に込めて

I piatti della specialità di
Trattoria Siciliana Don Ciccio

「トラットリア シチリアーナ・ドンチッチョ」の
スペシャリテ

前菜 Antipasto

イタリア料理のレストランでは、前菜、プリモ、セコンドといった順番でメニューが構成されていますが、シチリア料理では特に、一番美味しいものは一番お腹が空いている時に、という考え方があるようです。何しろ、シチリア料理で前菜として供されるものを見ると、美味しそうな魚介料理が目白押し。内陸部ではチーズやサラミが出て来る頻度は高まりますが、地中海に浮かぶ島であるシチリアのアイデンティティはやはり魚介です。生で食べるカルパッチョ、野菜と合わせるインサラータ、さっと揚げたフリット。鮮度の良さを味わうものや、作りおきして味をなじませるもの、すぐにサービスできるものが集められているのがシチリア料理の魚介前菜の特徴です。そして、もう一つ注目したいのが、ストリートフード的な伝統食が前菜として扱われることが多いこと。とりあえずお腹の虫を宥めるために、ライスコロッケのアランチーナやひよこ豆のパネッレ、じゃがいものコロッケであるカッズィッリなどが前菜としてトラットリアのメニューに並んでいるのです。ストリートフードや揚げ物、そしてこれからご紹介する前菜、いずれもボリュームやプレゼンテーションを自由に変えて楽しんでください。シチリア料理は応用自在、肩肘張らずにおおらかに、そしてできれば大勢で食卓を囲んでいただきたいものです。

Carpaccio di pesce spada

カジキのカルパッチョ

シチリア料理店では前菜の定番の一つ、カジキのカルパッチョ。軽く塩でマリネした後、短時間燻製にかける。マンダリン・オレンジとオレンジの蜂蜜で作るドレッシングの優しい甘みがカジキの塩味によく合う。

Carpaccio di pesce spada

カジキのカルパッチョ

材料（5〜6人分）
生カジキ … 300g
ドレッシング
　マンダリン・オレンジの搾り汁 … 70ml
　赤ワインビネガー … 50ml
a　オレンジの蜂蜜 … 大さじ2
　EV オリーブオイル … 210ml
塩 … 9g
ルーコラ、オレンジ、フェンネル … 各適量

作り方
1 生カジキに塩をまぶし、2〜3時間寝かす。
2 1を燻製にする（フライパンに桜のチップを入れ、網をのせ、その上にカジキを置いてボウルで蓋をし、2分半ほどスモークにかける。カジキの身を返してもう片面も同じようにスモークにかける）。
3 aを混ぜてドレッシングを作る。
4 2をごく薄切りにして皿に盛り、3のドレッシングをかけ、ルーコラ、房から出したオレンジの果肉、フェンネルのスライスをのせ、さらにドレッシングを少量かける。

Insalata di mare

海の幸のインサラータ

数種類の魚介に軽く火を通して合わせるインサラータ。ポイントはムール貝を蒸し煮にした汁を使って、アカエビ、イカなどほかの魚介を次々に蒸し煮していくこと。別々に茹でるよりも貝の旨味が生きてくる。セロリの香りと歯ごたえが爽やかなアクセント。

材料（2人分）
ムール貝 … 4個
アカエビ … 4匹
有頭エビ … 4匹
イカ（小）… 胴体のみ1杯分
タコ … 30g
セロリ … 15cm 長さ1本
にんにく … 1片
白ワイン … 適量
塩、胡椒、レモン汁、イタリアンパセリ、
　EV オリーブオイル … 各適量

作り方
1 浅鍋に EV オリーブオイル少々、にんにくの薄切りを入れ、中火にかける。ムール貝を入れ、白ワインも加えて蓋をし、弱火にする。
2 1のムール貝に軽く火が通ったら、殻から身をはずし、よけておく。煮汁は漉して浅鍋に戻し、塩少々を加え、アカエビを殻ごと加えて茹でる。
3 2のアカエビに軽く火が通ったら取り出して、1cm 幅に輪切りにしたイカを加えてさっと火を通す。
4 有頭エビは別に茹でる。
5 タコは塩でよく揉んでから沸騰した湯で茹でる。歯ごたえが少し残る程度に仕上げる。
6 ボウルに2のムール貝、3の殻をむいたアカエビとイカ、4の殻をむいたエビ、5の一口大に切ったタコ、1cm 角切りにしたセロリ、あればざく切りにしたセロリの若葉を入れて混ぜ合わせ、塩、胡椒、EV オリーブオイル、レモン汁で調味する。
7 皿に盛り、イタリアンパセリのみじん切りをふり、EV オリーブオイルをひと回しかける。

Insalata di polipo e ceci

タコとひよこ豆のインサラータ

柔らかく茹でたタコにほっくりとしたひよこ豆を合わせる。タコはじゃがいもと、ひよこ豆はバッカラ（塩蔵タラ）と合わせるのが"鉄板"の組み合わせ、タコとひよこ豆という組み合わせも同じ考え方。茹でたひよこ豆を半分はそのまま、半分はピュレにしてドレッシング的に使ってひと手間かけると、タコとひよこ豆の一体感がアップ。

材料（8人分）

ひよこ豆のピュレ
a ┌ 茹でたひよこ豆 … 200g
  └ ブロード … 100ml
タコ … 1杯（約 1.5kg）
ブロッコリー … 2株
ミニトマト … 15個
茹でたひよこ豆 … 200g
ドンチッチョのにんにくオイル* … 大さじ3
塩、胡椒、イタリアンパセリ、EV オリーブオイル … 各適量
 ＊にんにくのみじん切りを漬けた EV オリーブオイル。
  作り方は P12 参照。

作り方

1 a を合わせてミキサーにかけ、ひよこ豆のピュレを作る。
2 タコは塩でよく揉んでから沸騰した湯で茹で、歯ごたえが少し残る程度に仕上げる。
3 ブロッコリーは茹でて小房に分ける。ミニトマトは4等分に切る。
4 ボウルに一口大に切った2のタコ、3のブロッコリーとミニトマト、茹でたひよこ豆を加え、ドンチッチョのにんにくオイルも加えてよく混ぜ合わせる。
5 4 に1のピュレを加えてよく混ぜ合わせる。塩、胡椒で調味する。
6 皿に盛り、イタリアンパセリのみじん切りをふりかけ、EV オリーブオイルをひと回しかける。

汚れやぬめりを取るため、タコはたっぷりの塩を擦りつけてよく揉んで水洗いする。沸騰した湯に入れたら、時々引き上げて数秒休ませながら適度に歯ごたえが残るように茹で上げる。

ひよこ豆は、白いんげん豆のように茹でても形がほとんどくずれないので、ほかの素材とからみにくい。ピュレにすれば全体に味がなじみ、粒のひよこ豆のみの場合より味わいに深みが出る。

Insalata di capesante alla Siciliana

ホタテ貝柱のインサラータ・シチリア風

甘みのあるホタテ貝柱を歯ごたえのある野菜たちで盛り上げる趣向。野菜は基本的には生で使い、すべてを合わせた後、半日ほど寝かせて野菜が持つ自然な水分で全体をなじませるとより一層美味しくなる。ドンチッチョのにんにくオイルのオイルが隠し味。

材料（5人分）
ホタテ貝柱（生食用）… 大 8 個
セロリ（白い部分）… 4 本
紫たまねぎ … 1/2 個
ミニトマト … 22 個
バジリコの葉 … 4 枚
にんにくのみじん切りオイル漬け* … 適量
塩、白胡椒、赤ワインビネガー、
　EV オリーブオイル … 各適量
　＊ EV オリーブオイルに漬けたにんにくのみじん切り。
　　P12 のドンチッチョのにんにくオイルを参照。

作り方
1 ホタテ貝柱はさっと塩茹でし、1.5cm 角程度に切る。
2 セロリと紫たまねぎは 5mm 角程度に切り、氷水にさらす。ミニトマトは4等分に切る。
3 1 に 2 のミニトマト、水気を絞ったセロリと紫たまねぎを合わせ、にんにくのみじん切りオイル漬けを少量加え、バジリコの葉をちぎって加え、混ぜる。
4 3 に白胡椒、塩をふり、赤ワインビネガーと EV オリーブオイルを適量加え、よく混ぜて、冷蔵庫へ。半日ほど寝かせると味がなじむ。
5 皿に盛り、レモンとオレンジ、バジリコの葉（各分量外）を飾り、EV オリーブオイルをひと回しかける。

Insalata di riso nero
魚介と黒米のインサラータ

魚介と野菜をふんだんに使った色鮮やかな一皿。素材それぞれの持ち味がせめぎ合う中でも黒米のモチモチとした食感は控えめながらも存在感があり、全体をまとめる役割も果たす。前菜としてだけでなく、夏のセコンド・ピアットとしてもおすすめ。

材料（10人分）
生黒米 … 500g
エビ … 30 匹
ヤリイカ … 250 〜 300g
イイダコ … 10 杯
カジキ … 100g
白身魚（イシダイなど）… 100g
パプリカ（赤）… 1 個
ズッキーニ（緑・黄）… 各 1 本
グリーンピース（冷凍も可）… 50g
塩、胡椒 … 各適量
EV オリーブオイル … 適量

作り方
1 黒米は塩を加えた湯で 30 分ほど茹で、水切りをする。
2 エビは塩茹でして殻をむき、ヤリイカは細切りにして塩茹で、イイダコも大きすぎるものは適量切って塩茹でする。
3 カジキと白身魚は 1cm ほどの角切りにして塩茹でする。
4 パプリカ、ズッキーニは 1cm ほどの角切りにして EV オリーブオイル少々でソテーする。グリーンピースは湯通しする。
5 1 〜 4 をすべて混ぜ合わせ、塩、胡椒、EV オリーブオイルを加えて調味する。好みでレモン汁（分量外）を加えてもよい。

Sarde a chiappa

イワシのキアッパ

シチリア料理ではお馴染みの家庭料理、イワシのベッカフィーコのバリエーション。ベッカフィーコはレーズン、松の実、パン粉、ペコリーノチーズなどを混ぜ合わせたフィリングをイワシで包んでオーブン焼きにしたもの。対して、キアッパは小さめのイワシ2尾でフィリングを挟み、衣をつけて揚げたもの。ベッカフィーコという名は、くるっと丸い形と尻尾がピンと立った姿がいちじくをたらふく食べて丸々と太ったベッカフィーコ（ニワムシクイという鳥）に似ていることから。一方、キアッパは、一説によれば、13世紀のシチリア王、スウェーデンのフェデリコ2世（ホーゥエンシュタウフェン朝のフェデリコ1世）が詩人や学者を招聘しアカデミーを作った折り、南仏出身の詩人が丸く扁平な干しいちじくをクラップと呼んだことがキアッパの語源になったという。

材料（6個分）

生イワシ … 12 尾
赤ワインビネガー … 適量
たまねぎ … 180g
にんにくのみじん切りオイル漬け＊ … ひとつまみ
唐辛子 … ひとかけら
イタリアンパセリのみじん切り … ひとつまみ
レーズン … 45g
松の実 … 20g
チャバッタ＊＊（固くなった白い部分を1cm角切り）… 30g
モッリーカ＊＊＊ … 80g
トマトソース＊＊＊＊ … 160g
ペコリーノチーズ … 80g
卵 … 1 個
塩、胡椒 … 各適量
パステッラ（揚げ衣）
a ┌ 卵 … 2 個
　├ パルミジャーノ・レッジャーノ … 20g
　└ 薄力粉 … 40g
揚げ油 … 適量

＊ EV オリーブオイルに漬けたにんにくのみじん切り。P12 のドンチッチョのにんにくオイルを参照。
＊＊チャバッタとは平たく焼いたイタリアのパン。外側はカリッと歯ごたえがあり、内側は気泡が多い。扁平な形がスリッパ（イタリア語でチャバッタ）を思わせるためこの名で呼ばれる。ドンチッチョではチャバッタとフォカッチャは毎日焼く基本のパン。
＊＊＊炒ったパン粉。作り方は P24 参照。
＊＊＊＊トマトソースの作り方は P9 参照。

作り方

1 イワシは頭と内臓を取り、開いて背骨をはずし、赤ワインビネガーに10分ほど浸けておく。

2 たまねぎのみじん切り、にんにくのみじん切りオイル漬け、ちぎった唐辛子を小鍋に入れ、色がつかない程度に炒める。

3 2にイタリアンパセリ、レーズン、松の実、チャバッタの白い部分を加えてさらに炒め、全体がなじんだら火からおろし、冷ます。

4 3をボウルに移し、モッリーカを加え混ぜ、トマトソース、ペコリーノチーズのすりおろしを加え、卵も溶いて少しずつ加え、チャバッタの固い部分をつぶすようによく混ぜたら、胡椒をふる。

5 1のイワシの水気を拭き取り、一枚の上に4をたっぷり塗り、もう一枚をかぶせて手で軽く押さえ、なじませる。

6 パステッラを作る。aをボウルに入れ、水少々（分量外）を加えてさらっとした衣にする。

7 5に薄く薄力粉（分量外）をまぶし、6のパステッラにくぐらせ、余分な生地を落としてから、油で揚げる。揚げ上がったら塩をふる。

8 皿に盛り、イタリアンパセリのみじん切り（分量外）をふる。

小ぶりのイワシを使って、フィリングははみ出さんばかりにたっぷり挟む。痩せた魚でも豪華に美味しそうに見せる庶民の知恵的な仕掛け。

フィリングはよく混ぜて全体にしっとりとまとまるようにする。溶き卵は少しずつ加えるのがポイント。水気が多い場合はモッリーカを追加。

Caponata di verdure

五色野菜のカポナータ

カポナータと呼ばれる料理はシチリアをはじめ、南イタリア各地に見られるが、土地によって材料、作り方は異なる。シチリアでも、パレルモ、アグリジェント、カターニア、メッシーナといった具合に地域で違いがあり、さらに、家庭によっても違う。ともあれ野菜（主になす）を揚げ、トマトベースのソースで煮込む、あるいは漬け込むのが基本。ドンチッチョでは開店以来、二種類のカポナータを毎日仕込み、人気の前菜となっている。こちらはその一つで、パプリカ、セロリ、ズッキーニ、なす、たまねぎを揚げて、マリネ液に漬け込んだ彩りも美しいカポナータ。もちろん好みの野菜で自由にアレンジが可能だ。

材料（作りやすい分量）

a
- パプリカ（赤）… 2 個
- セロリ … パプリカと同量
- ズッキーニ … 同上
- なす … 同上
- たまねぎ … 同上

赤ワインビネガー … 100ml
砂糖 … 10g
バジリコの葉 … 大 2 枚
アンチョビ … 2 枚
塩、胡椒 … 各適量
揚げ油 … 適量

作り方

1 a の野菜は一口大に切り、なすはアク抜きをする。野菜ごとに順次素揚げして油を切る。

2 赤ワインビネガーと砂糖を合わせてひと煮立ちさせて 1 に加え、塩、胡椒も加える。

3 せん切りにしたバジリコの葉、みじん切りにしたアンチョビを 2 に加えてよく混ぜる。

4 冷蔵庫で半日くらい寝かせて味をなじませる。

Caponata di melanzane

なすのカポナータ

伝承によれば、貴族が食べていた高価な魚の煮込み料理を真似て、魚の代わりに安価な野菜を使い、スペイン語由来で洗練されたという意味の言葉カポナーダと呼んだという。また、漁師が漁の合間に食事をとる小屋カウポーナで食べられていた料理（固くなったパンを海水に浸けてふやかし、酢とオリーブオイルで調味したもの）だという説もある。いずれにしてもカポナータは庶民の料理であることは確か。ここで紹介するカポナータはパレルモ風で、たまねぎ、セロリ、緑オリーブ、ケイパーなどを加え、酢と砂糖で甘酸っぱく仕立てたトマトソースに、揚げたなすを漬け込む。トラーパニではアーモンドを加えたり、ほかの地域ではペペローニ（パプリカ）を加えることも。作ってからしばらくおいておくと味がなじむ。また夏は冷やして食べるのもおすすめ。ソースも残らず味わうために、パンを添えることを忘れずに。

材料（作りやすい分量）

米なす … 10 個

ソース

a
- たまねぎ … 1 個
- セロリ … たまねぎと同量
- 緑オリーブ … 24 個
- 塩漬けケイパー … 110g
- たまねぎのみじん切り … 大さじ 2
- トマトペースト … 240g
- 赤ワインビネガー … 250ml
- 水 … 250ml

塩、胡椒、砂糖、EV オリーブオイル、揚げ油 … 各適量

作り方

1 米なすはヘタを切り落とし、1 本を 8 〜 10 個くらいに切り、アク抜きをする。素揚げして油を切り、塩をふる。

2 ソースを作る。たまねぎ、セロリは 1cm ほどの角切りにし、種を抜き刻んだ緑オリーブ、塩を洗い落としたケイパーとともに湯通しする。

3 鍋に EV オリーブオイルを引き、たまねぎのみじん切りを入れて炒め、なじんだら、2 も加えて炒める。

4 トマトペースト、一度沸騰させた赤ワインビネガー、水を合わせ、3 に加える。

5 1 時間ほど弱火で煮、最後に塩、胡椒、砂糖で甘酸っぱい味に仕上げ、EV オリーブオイルをひと回しかけて混ぜる。

6 1 と 5 を合わせ、よく混ぜる。冷蔵庫に保存し、半日ほど寝かせて味をなじませる。

＊酢が効いているので、冷蔵庫で 4 〜 5 日は保存が可能。

上・なすは揚げて使うことが多い。シチリアのなすは揚げると甘み、旨味が俄然強くなる。
左・種が少なく、果肉がみっちりと詰まった丸いなす。そのほか、米なすや長なすもある。

Parmigiana di melanzane

なすのパルミジャーナ

なすを薄切りにして揚げ、トマトソース、チーズと繰り返し層にしてオーブンで焼く料理。シチリア発祥説とナポリ発祥説があり、どちらにしてもナポリ・シチリア王国時代、トマトとなすが一般的に使われるようになった18世紀頃より作られるようになったと言われる。現在では、イタリア農林省によりPAT（イタリア伝統食品）にも認定されている。パルミジャーナという言葉は、一般的にはエミリア・ロマーニャ州の「パルマの」という形容詞、もしくはパルマの人を表す名詞の女性形。このなすのパルミジャーナにはパルミジャーノ・レッジャーノを使う人もいるけれど、パルマとこの料理には関係がなく、チーズも本来はペコリーノを使う。そもそも、パルミジャーナとは、ペルシアーナ（鎧戸）を意味するシチリア方言のパルミチャーナが語源とされ、なすなどを層に重ねていくところが鎧戸を思わせるからその名がついたという。ペコリーノのほか、モッツァレッラ、スカモルツァ、カチョカヴァッロなどを代わりに、あるいは複数組み合わせてもいい。

材料
（25cm×53cm×6cmの耐熱皿1枚分、約8人分）

米なす … 5個
トマトソース* … 1600g
バジリコの葉 … 大3枚
カチョカヴァッロ … 15g
パルミジャーノ・レッジャーノ … 75g
グラニュー糖 … 15g
EVオリーブオイル … 13ml
塩、揚げ油、無塩バター … 各適量
　＊トマトソースの作り方はP9参照。

作り方

1 米なすはヘタを切り落とし、縦に5mm幅にスライスして、塩をふるか、塩水に浸けてアク抜きをする。

2 1のなすの水気を拭き取って素揚げする。しっかりと色づいたら油を切り、塩をふっておく。

3 耐熱皿にバターを塗り、トマトソース200gを底面全体に敷き、2のなすの1/3量を並べる。ちぎったバジリコの葉の1/3量を散らし、すりおろしたカチョカヴァッロ、すりおろしたパルミジャーノ・レッジャーノのそれぞれ1/3量を全体にふる。

4 3と同様に、トマトソース、なす、バジリコ、カチョカヴァッロ、パルミジャーノ・レッジャーノを重ねていく。これをもう一度繰り返す。

5 残りのトマトソースを流し入れて表面にグラニュー糖、EVオリーブオイルをふりかけ、250度のオーブンで30分ほど焼く。焼きムラができやすいオーブンの場合は、途中で前後あるいは左右を入れ替えて均一に火が入るようにする。

パーネコット（「パンを煮た」という意味）はパンを主役にした農家の料理で、イタリア各地に同じ名前の様々なバリエーションが存在する。共通点は、固くなったパンをブロードや水など水分を加えて加熱すること。スープ状のものからグラタン風のものまでいろいろあるけれど、ドンチッチョのパーネコットは、カリフラワーとブロッコリーでボリュームたっぷり、卵とパルミジャーノ・レッジャーノ、生クリームでコクをつけたちょっと贅沢な野菜の一品。

Panecotto con verdure alla Siciliana

シチリア風パーネコット（カリフラワーとブロッコリーのパングラタン）

材料
（18cm×27cm×6cm のキャセロール1台分、約8人分）

ブロッコリー … 1 株
カリフラワー … 1 株
パン（バゲット等）… 1/2 本
牛乳 … 適量
トマト … 2 個
卵 … 8 個
パルミジャーノ・レッジャーノのすりおろし … ふたつかみ
生クリーム … 250ml
無塩バター、パン粉、塩、胡椒 … 各適量

作り方
1 ブロッコリーとカリフラワーは塩茹でし、小房に分ける。
2 パンは外の皮を取り、白い部分だけ小さくちぎって牛乳に浸す。
3 トマトは 7 〜 8mm 厚さにスライスする。
4 卵 8 個を溶きほぐし、パルミジャーノ・レッジャーノ、生クリームを加え混ぜ、2 のパンも加える。
5 1 と 4 を合わせ、塩、胡椒で調味する。
6 バターを塗り、パン粉をふったキャセロールに 5 の半量を流し込み、3 のトマトを並べ、さらに残りの 5 を流し入れ、アルミホイルで覆い、180 度のオーブンで 30 分ほど焼く。
7 仕上がり間際にアルミホイルをはずしてパン粉をふり、軽く焦げ目がつくまで焼く。

Insalata alla Carrapipana

カロペペ風インサラータ

カロペペとは、シチリアのとある村の名前で、かつてパプリカの生産地として知られていたという。そのパプリカをたっぷり使い、モッツァレッラやほかの野菜も加えて、バルサミコ酢で風味づけたインサラータ。冷蔵庫で寝かせて味をなじませるのが美味しく食べるコツ。

材料（5 人分）
パプリカ（赤）… 3 個
セロリ … 2 本
緑オリーブ … 10 個
オイル漬けドライミニトマト … 20 個
パルミジャーノ・レッジャーノ … 50g
モッツァレッラ … 300g
バジリコの葉 … 4〜5 枚
EV オリーブオイル … 44ml
バルサミコ酢 … 25ml
塩、胡椒 … 適量

作り方
1 パプリカはローストして皮をむき、縦に 1cm 幅に切る。セロリは葉の部分は切り落とし（若い葉はとっておく）、長さ 6 〜 7cm、幅 1cm に切る。緑オリーブは種を除いてなるべく縦長に細切りにする。
2 パルミジャーノ・レッジャーノは短いバトン状に、モッツァレッラは 1cm 幅くらいの拍子木切りにする。
3 1 と 2 を合わせたところへ、オイル漬けドライミニトマト、ちぎったバジリコの葉を加え、塩をふり、混ぜ合わせる。
4 3 に EV オリーブオイル、バルサミコ酢を加え、さらによく混ぜる。冷蔵庫で約 1 時間ほど休ませる。
5 皿に盛り、ラディッキオ（分量外）、1 のセロリの葉などをあしらう。

Trippa alla Siciliana

シチリア風トリッパ

トリッパ（牛の第二胃袋）とランプレドット（牛の第四胃袋、ギアラ）を香味野菜でソテーし、トマトを加えてオーブンでじっくりと煮込む。仕上げに、素揚げしたなすを加えるところがシチリア風。アーモンドのトッピングも大事なアクセント。

材料（12 人分）
トリッパ … 2.5kg
ギアラ … 1.5kg
トリッパとギアラの下茹で用
　たまねぎ、にんじん、セロリ、塩 … 各適量
にんにく … 3 片
にんじん … 1/2 本
たまねぎ … にんじんと同量
セロリ … にんじんと同量
月桂樹 … 1 枚
ブーケガルニ（ローズマリーとセージ）… 1 束
白ワイン … 180ml
トマトペースト … 大さじ 2
ホールトマトの実 … 10 個
ホールトマトのジュース … 350ml
米なす… 1 個
EV オリーブオイル、塩、胡椒、砂糖、アーモンド、
　パルミジャーノ・レッジャーノ、揚げ油 … 各適量

作り方
1 トリッパとギアラはよく洗ってから下茹で用の野菜とともに鍋に入れ、たっぷりの水（分量外）を加えてごく少量の塩も加え、3 時間ほど弱火で煮る。そのまま一晩おく。
2 鍋につぶしたにんにく、EV オリーブオイルを入れ、にんじん・たまねぎ・セロリのみじん切り、月桂樹、ブーケガルニとともに色づくまで炒める。
3 幅 1cm、長さ 3〜4cm 程度に切った 1 のトリッパとギアラを 2 に加える。
4 白ワイン、トマトペーストを 3 に加え混ぜ、漉した 1 の茹で汁をひたひたに加える。
5 4 にホールトマトの実をつぶして加え、ジュースも加えたら鍋に蓋をし、180 度のオーブンで 1 時間煮る。
6 米なすは 1.5cm 厚さの輪切りにして素揚げし、塩をふっておく。
7 5 に 6 のなすを一口大に切って加え混ぜ、塩、胡椒、ごく少量の砂糖で調味する。
8 耐熱皿に盛り、刻んだアーモンド、パルミジャーノ・レッジャーノのすりおろしをふりかけ、200 度のオーブンで 8 分強焼く。

Insalata di trippa

トリッパのインサラータ

茹でたトリッパに、色とりどりの野菜を合わせたインサラータ。野菜とトリッパの大きさを揃えると一層
見目麗しい一皿に。ケイパー、ピクルス、ドンチッチョのにんにくオイルが脇役として味に深みを与える。

材料（10 人分）
トリッパ … 1kg
にんじん … 1/2 本
セロリ … 大 3 本
紫たまねぎ … 1 個
塩漬けケイパー … 20g
ピクルス（市販のコルニション）… 20 個
バジリコの葉 … 5 枚
オレガノ … 3g
ドンチッチョのにんにくオイル＊ … 大さじ 5
パルミジャーノ・レッジャーノのすりおろし … 大さじ 5
赤ワインビネガー … 75ml
塩、胡椒 … 各適量
イタリアンパセリのみじん切り、パルミジャーノ・レッジャーノ、
　EV オリーブオイル、ミニトマト、フェンネルの葉 … 各適量
　＊にんにくのみじん切りを漬けた EV オリーブオイル。作り方は P12 参照

作り方
1 トリッパは、シチリア風トリッパと同様に下茹でし、冷ましておく。
2 にんじん、セロリは細切り、紫たまねぎも同じ程度の幅に切り揃え、
　水にさらす。塩漬けケイパーは塩を洗い落としておく。ピクルスは
　縦に細切りにする。
3 ボウルに細切りにした 1 のトリッパ、2 の野菜を入れ、バジリコの
　葉をちぎって加え、オレガノ、ドンチッチョのにんにくオイル、パ
　ルミジャーノ・レッジャーノのすりおろしも加え、よく混ぜる。
4 3 を塩、胡椒で調味し、赤ワインビネガー、EV オリーブオイルを
　加えたらよく混ぜ、冷蔵庫で半日から一日寝かせる。
5 4 にイタリアンパセリのみじん切り、パルミジャーノ・レッジャーノ
　の薄切りを加え、EV オリーブオイル少々も加えてよく混ぜる。
6 皿に盛り、パルミジャーノ・レッジャーノの薄切り、イタリアンパ
　セリのみじん切りを散らし、半分に切ったミニトマトにフェンネル
　の葉をまぶしたものを飾る。仕上げに EV オリーブオイルをひと回
　しかける。

パレルモの思い出とともにある
なすのチャールストン・スタイル

石川勉シェフがイタリアへ料理修業に渡ったのは 1984 年。他の人が選ばないようなところで修業しようと向かったのがシチリアでした。映画「ゴッドファーザー」が好きだったことも理由にありました。しかし、到着したはいいけれど、外国人が厨房での働き口を見つけるのは並大抵のことではありません。あちこち訪ね回って、ようやく見つけたのがパレルモのリストランテ「チャールストン」でした。

　1967 年にパレルモの中心地ウンゲリア広場で創業した「チャールストン」はリバティ様式の内装も華やかな、街一番のリストランテとの呼び声も高い名店で、ミシュランの星も獲得。200 席もの店内は夜毎着飾った人々で賑わい、街の名士たちはこぞってバンケットを主催し、時の大統領や法王までもが訪れる有名店だったのです。「コック志望なので厨房を見せてください」というメモを知人にイタリア語で書いてもらって訪問した石川シェフがここで働きたい旨を熱心に申し出ると「明日から来ていい」と言われ、ただし最初のうちは給料はないが食事は付くということで、ともかく働き始めました。言葉もろくにできないので住まいを見つけるのもひと苦労でしたが、見かねた同僚が学生向けのアパートを探してくれ、なんとか落ち着いたのでした。

「チャールストン」はパレルモ郊外の海辺の街モンデッロにも支店があり、海に浮かぶように佇む瀟洒なヴィッラ風のその店は、夏のビーチにやってくる人々の社交場でした。その時期はパレルモ中心地の店は閉め、スタッフも全員モンデッロに移って働きました。朝

Melanzane Charleston
なすのチャールストン・スタイル
材料と作り方
1 シチリアの丸なすはヘタの部分を切り取り、中身をくり抜いて小角切りにしたら、ヘタ、くり抜いた外側ともに油で素揚げする。逆さにしてよく油を切る。
2 ニョッケッティ・サルディ（＊）を茹でる。
3 フライパンに、EV オリーブオイル、にんにくのみじん切りオイル漬け（P12）を入れて火にかけ、香りが立ったら、1cm 角切りにしたカジキを加えてソテーし、白ワインを加えてアルコールを飛ばす。
4 3 にミントの葉、トマトソース（P9）を加え、小角切りの揚げなすを加え、胡椒をふる。
5 4 に茹で上がったニョッケッティ・サルディを加え、塩、EV オリーブオイルで調味する。火を止め、刻んだモッツァレッラを加え混ぜる。
6 1 のくり抜いた揚げなすの中に 5 を詰め、180 度のオーブンでチーズが溶けるまで焼く。
＊細長く、外側に溝があり、内側にカーブした小型のパスタ。

から晩まで猛烈に忙しいモンデッロでしたが、石川シェフにとって今も忘れられないのが賄いのひととき。夜の営業の前、二階のテラス席で水平線に夕日が沈むのを見ながらの食事は格別で、来る日も来る日もトマトのパスタでしたが、今でもありありとその情景が思い出せます。シチリアの俗語を教えてくれたシェフやスタッフたち、ちょっとした拍子にその俗語を口走ると皆が笑ってくれたこと。ちょっと辛かったのは昼の休憩でスタッフが皆、自分の家へ帰るのに、自分は一人、店の前のビーチでひたすら海を眺めて過ごしたこと。とにかく、明けても暮れても海、楽しいこともちょっと寂しい気持ちも常に海とともにありました。

印象に一番残っている料理といえば、働き始める前に「チャールストン」で食べたスペシャリテ「メランザーネ・チャールストン」（なすのチャールストン・スタイル）、カジキと揚げたなすを加えたトマトソースでパスタを和え、中身をくり抜いて揚げたなすの中に詰めたもの。見た目のインパクトもさることながら、何よりもミントの香りに、こんな風にハーブを使うのか！と衝撃を受けたのです。そして揚げたなすのまた甘かったこと。これがシチリアで受けたなすの洗礼でした。シチリア料理になくてはならないなすに目覚めさせてくれたのが、この料理だったのです。

石川シェフは今も年に一度はシチリアを訪れ、「チャールストン」に足を運びます。パレルモ中心地の店はすでになく、モンデッロの店もオーナーが変わり、場所も移転しましたが、雰囲気は変わらず。家族づれがリラックスして食事を楽しんでいるのを見ると、「ドンチッチョ」もこんな店にしたかったのだと改めて思うのです。そして、賄いはスタッフ全員で揃って食べることにしているのも、家族のようになれると思うからなのです。

今ではスーパーも増えたが、シチリアでは市場がまだまだ元気。カターニアの魚市場、シラクーサの青空市場など、各地に市が立つ。パレルモ旧市街では、ヴッチリア、カボ、バッラロが主だった市場。魚、肉、野菜の店がとりどりに並び、合間にはアランチーナや総菜を売る屋台も。朝早くから午前中いっぱい、威勢のいい売り声が響き渡る市場は、イタリア本土にはないカオスに満ちた、シチリアの元気の源。

食事の時に登場するパンは、表面にびっしりとごまがまぶされていることが多い。アラブ人がもたらしたごまは、シチリアに定着し、パン、お菓子によく使われる。"女王"と冠したビスコッティ・レジーナや、蜂蜜で固めたおこしのようなコバイータがごま菓子の代表。パンは軟質小麦粉、あるいはセモリナ粉で作って表面にごまをつける。香ばしい香りが食欲をそそり、つい食べ過ぎてしまう要注意パンだ。

パレルモ風ごま付きパン
材料（30cm 長さ1本分）
強力粉 … 250g
ラード … 25g　塩 … 5g
生イースト … 4g
ドライ天然酵母 … スプーン1杯
ぬるま湯（人肌程度）… 150ml
ごま … 適量

作り方
ラード、生イースト、ドライ天然酵母、塩、ぬるま湯をよく混ぜ、強力粉に加え、練る。表面がなめらかになったら丸め、布で覆って2倍になるまで発酵させる。ガス抜きをし、細長く成形する。霧吹きで水をかけ、表面にごまをまぶし、クッキングシートを敷いた天板に並べて30分ほど二次発酵させる。270度に温まったオーブンの空の天板に水（分量外）を入れて蒸気を出したところへパンをのせた天板を入れ、240度に下げて約24分焼く。色合いを見て焼き時間は調整する。

Primo Piatto

シチリア料理のプリモ・ピアットはファンタジーの宝庫。特にパスタのバリエーションの豊かさには目を見張るものがあります。古代ローマ時代、シチリアはローマの穀倉と言われ、小麦の生産が盛んでした。そして、12世紀には細長い麺状のパスタが生産され、他国へ輸出するほどのパスタ先進地だったと言われています。歴史から見てもパスタはシチリア料理に深く根づいていることは間違いありません。そのパスタ料理を豊かにしているのは、魚介や野菜などの多種多様な素材です。イワシとフェンネルのパスタ、なすとトマトのノルマ風、アーモンドと野菜の冷たいソース。しかも、合わせるパスタの形状がこれまた様々で、よその土地ではあまり見かけないような独特の形のものも少なくありません。その一例がアネッリーニ（アネッレッティともいう）、小さなリング状のパスタですが、これは用途も決まっており、ラグーやトマトソースで和えた後に型に詰めてオーブン焼きにするのです。ケーキのような形をしたパスタ料理まで考え出してしまうとは、シチリア人の食への飽くなき探究心恐るべしです。さらに、アフリカから伝わったと考えられているクスクスもシチリア独特のプリモ・ピアットとして華を添えます。魚介のスープをたっぷり含ませたクスクスは手間暇をかけたご馳走。メインとして食卓で主役も張れる一品です。

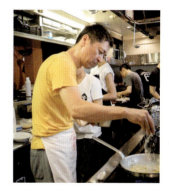

Pasta con le sarde

イワシとフェンネルのパスタ

イワシは言わずと知れた庶民の魚、フェンネルは買ってくるのではなく野原に生えているもの。シチリアの人々にとって、最も身近で、そして味わい深い春のパスタといえばこのパスタ・コン・レ・サルデ。しかも、より美味しく食べたいと工夫を凝らして、フェンネルを茹でた湯にサフランを加え、塩漬けのアンチョビも動員。仕上げにこんがり炒めたモッリーカをふりかける念の入りようで、まさに、一度食べたら忘れられない郷土料理。バリエーションも幾つかあり、例えばサフランの代わりにほんの少量のトマトソースを使ったり、あるいは耐熱皿にモッリーカとパスタを交互に層にしてオーブンで焼いたり。しかし、パレルモの人によれば、一番美味しいのはちょっと冷めた頃。パスタに味が染み込んだ究極の逸品になるのだという。

Pasta con le sarde

イワシとフェンネルのパスタ

フェンネルの茎（葉付き）は柔らかくなるまで茹でる。シチリアでは野生のフェンネルを使うことも多く、長時間茹ててもその芳香はかなり強い。

材料（3〜4人分）

カザレッチェ* … 240g
フェンネルの茎（葉付き）… 230g
イワシ … 100g
にんにくのみじん切りオイル漬け** … ひとつまみ
唐辛子 … 少々
紫たまねぎ … 50g
アンチョビ … 1.5 枚
松の実 … 6g
レーズン … 10g
白ワイン … 25ml
トマトペースト … 大さじ 1
サフラン … 7 本
モッリーカ*** … 適量
重曹、塩、白胡椒、
　EV オリーブオイル … 各適量

　＊もともとは短く切った生地に針金や細い棒を押しつけて転がし、くるりと内巻きにしたパスタ。現在一般的な乾燥カザレッチェは、ダイスで押し出して成形している。全体に軽くねじれているのも特徴。
　＊＊EV オリーブオイルに漬けたにんにくのみじん切り。P12 のドンチッチョのにんにくオイルを参照。
　＊＊＊炒ったパン粉。作り方はP 24 参照。

作り方

1 フェンネルの茎は重曹と塩を各ひとつまみ加えた水に入れて火にかけ、食べられるほどの柔らかさになるまで 40 〜 50 分茹でる。水気を絞って刻む。茹で汁はとっておく。
2 イワシは頭を落とし、手開きにして骨と尾を取る。
3 フライパンに EV オリーブオイルを引いて、にんにくのみじん切りオイル漬け、唐辛子を入れて火にかけ、香りが立ったら、紫たまねぎのみじん切りを加えて、中火で炒める。
4 3 の全体がなじんだら、アンチョビを加えてくずし、松の実、レーズン、1 のフェンネルをふたつかみほど加え、2 のイワシを加える。
5 4 に白ワインを加えてアルコールを飛ばし、トマトペーストを加え、全体をなじませる。
6 5 にフェンネルの茹で汁を 300ml ほど加え、沸騰したら弱火にしてアクを取り、サフランを加えて 30 分ほど煮る。煮詰まりすぎるようであれば、途中で 1 のフェンネルの茹で汁を適量加える。
7 仕上げに塩、白胡椒で調味する。
8 カザレッチェを茹で、7 のソースと和え、必要であれば、塩で調味し、EV オリーブオイルを加え混ぜる。
9 皿に盛り、モッリーカをふりかけ、EV オリーブオイルを回しかける。

刻んだフェンネルの茎と葉、紫たまねぎ、松の実、レーズンと一緒に炒め合わせたところにイワシを加える。イワシは自然に煮くずれていく。

Penne alla Norma

ペンネのノルマ風

カターニア出身の作曲家ヴィンチェンツォ・ベッリーニのオペラ「ノルマ」の名がついた由来は、同地の有名な喜劇俳優の家で出されたトマトと揚げなすとリコッタ・サラータのパスタに、出席者が「ノルマ級に美味しい！」と絶賛したことによるという。

材料（1 人分）

ペンネ … 80g
揚げなす（米なす）… 2 枚
にんにくのみじん切りオイル漬け* … ひとつまみ
トマトソース** … 170g
バジリコの葉 … 1 枚
EV オリーブオイル … 適量
パルミジャーノ・レッジャーノ、
　リコッタ・サラータ … 各適量
バジリコの葉（仕上げ用）、
　塩、胡椒 … 各適量
　＊EV オリーブオイルに漬けたにんにくのみじん切り。P12 のドンチッチョのにんにくオイルを参照。
　＊＊トマトソースの作り方はP 9 参照。

作り方

1 揚げなすを作る。米なすは縦に 4 カ所皮をむき、1.5cm 厚さの輪切りにして、塩をふるか塩水に浸けてアク抜きをする。水気を拭き取った後、こんがりと色づくまで素揚げする。
2 ペンネを茹で始める。
3 フライパンに EV オリーブオイル少々、にんにくのみじん切りオイル漬けを入れ、中火にかける。香りが立ってきたら、トマトソースを加え、揚げなす、ちぎったバジリコの葉を加える。
4 茹で上がったペンネを 3 に加え、塩、胡椒、すりおろしたパルミジャーノ・レッジャーノを加え混ぜる。必要であれば EV オリーブオイルも加える。
5 皿に盛り、リコッタ・サラータのすりおろしをふり、バジリコをあしらい、EV オリーブオイルをかける。

Spaccatelle al Delfino

スパッカテッレのデルフィーノ風 (マグロのラグー)

赤ワインで風味づけたマグロをトマトソースでコトコトと煮込み、溶けるほどに柔らかくなったマグロが
主役のパスタ。ミントの葉の爽やかな香りがアクセントになっているシチリアらしい一皿。

材料 (3～4人分)
スパッカテッレ* … 240g
マグロ … 350g
赤ワイン … 60ml
たまねぎ … 100g
ホールトマト … 1800g
にんにく、バジリコの葉、ミントの葉、ペコリーノチーズ、
　塩、胡椒、小麦粉、EV オリーブオイル … 各適量
　*シチリア伝統のパスタの一つ。マカロニに縦に切れ目(スパッカ
　　テッレの名の由来)が入ったショートパスタ。全体にゆるくカーブ
　　している。

作り方
1 マグロを一口大より大きめに切り、切り込みを入れ、にんにくのスラ
　イスとミントの葉を差し込む。
2 1 に塩、胡椒、小麦粉をまぶし、EV オリーブオイルを引いたフライ
　パンに入れ、中火でソテーする。
3 2 に赤ワインを加え、フランベしてアルコール分を飛ばす。
4 フライパンに EV オリーブオイル、にんにくを入れ、香りが出たら、
　たまねぎのみじん切りを入れて炒める。
5 4 にホールトマトを加え、ちぎったバジリコの葉、水少々(分量外)、塩、
　胡椒をして 15 分ほど煮る。
6 5 に 2 のマグロを加え、弱火で2時間ほど煮込む。煮上がる直前に塩、
　胡椒で調味し、ミントの葉を適量加える。
7 スパッカテッレを茹で始める。
8 茹で上がったスパッカテッレを 6 に加え混ぜる。塩とペコリーノチー
　ズのすりおろしを加えて調味する。
9 皿に盛り、ミントの葉を飾る。

Paccheri alla Vucciria

パッケリのヴッチリア風（魚介とピスタチオ）

ヴッチリアは、パレルモの青空市場の一つ。食べ応えのある大きなパスタと様々な魚介、ズッキーニ、
ピスタチオが渾然一体となったこの料理は、魚屋、八百屋、乾物屋がひしめく市場を彷彿させる。

材料（1人分）
パッケリ* … 80g
アサリ … 5個
ムール貝 … 3個
むきエビ … 3〜4尾
カジキ（1.5〜2cm角切り）… 4個
ズッキーニ … 1/6個
ピスタチオ … 5g
バジリコの葉 … 2枚
EVオリーブオイル、にんにく、唐辛子、白ワイン
　… 各適量
塩 … 適量
仕上げ用ピスタチオ … 適量
　＊極太の穴あきショートパスタ。

作り方
1 パッケリを茹で始める。
2 フライパンにEVオリーブオイルを引き、つぶしたにんにくとちぎった
　唐辛子少々を入れ、小角切りにしたカジキを加え、弱火でソテーする。
3 2にエビ、アサリ、ムール貝を加え、薄くスライスしたズッキーニ、白
　ワインも加えて蓋をし、蒸し煮する。
4 3に刻んだピスタチオ、ちぎったバジリコの葉も加え、塩で調味する。
　この時、水分が多すぎるようであれば取りおく。
5 茹で上がったパッケリを4に加え、混ぜながら味を含ませる。水分が
　足りない場合は、4で取りおいた蒸し汁を加えて調節する。
6 皿に盛り、EVオリーブオイルを回しかけ、刻んだピスタチオをふる。

ムール貝を白ワインで蒸し煮して、ウニを加えただけ。手早くできてシンプルかつ美味。それだけに素材の良さが求められる。新鮮で大粒のムール貝とウニが手に入る、漁船の船長（カピターノ。キャプテンのこと）の特権的料理。

Chitarra al Capitano

キターラのカピターノ風（ウニとムール貝）

材料（1人分）
キターラ* … 90g
ムール貝 … 10個
塩水ウニ（もしくは生ウニ）… 30g
にんにくのみじん切りオイル漬け** … ひとつまみ
唐辛子 … 少々
白ワイン、イタリアンパセリ、EV オリーブオイル、
　胡椒 … 各適量
　　*ギター（イタリア語でキターラ）のような弦を張った道具を使って
　　　作るパスタ。弦の部分にパスタ生地を押しつけて切る。断面が四
　　　角いのが特徴。
　　**EV オリーブオイルに漬けたにんにくのみじん切り。
　　　P12 のドンチッチョのにんにくオイルを参照。

作り方
1 キターラを茹で始める。
2 フライパンに EV オリーブオイルを引き、にんにくのみじん切り
　オイル漬け、ちぎった唐辛子、ムール貝を入れて中火にかけ、
　白ワイン少々とイタリアンパセリのみじん切りも加えて蓋をし
　て蒸し煮する。ムール貝にはあまり火を入れすぎないように。
3 2 のムール貝の身を殻からとりはずしてフライパンに戻し、粗
　熱が取れてからウニを加え、弱火にかけて全体をなじませる。
4 茹で上がったキターラを 3 に加えて混ぜ合わせ、必要であれ
　ば、塩（分量外）で調味する。
5 皿に盛り、イタリアンパセリのみじん切り、胡椒をふり、EV
　オリーブオイルを回しかける。

Linguine alle vongole e bottarga di tonno

アサリとマグロのからすみのリングイネ

海辺の料理として最もベーシックなものの一つ、ヴォンゴレのパスタにマグロのからす
みを添えるだけで、途端にシチリアの海を感じる。マグロのからすみは、マグロ漁で
栄えたトラーパニ沖のファビニャーナ島の名産品。しっとりとした食感と濃い魚卵の
風味が特徴。トマトとの相性もよく、ミニトマトをオリーブオイルで炒めてパスタを合
わせたところにすりおろしたり、トマトのブルスケッタに薄切りにして添えると美味。

材料（1人分）
リングイネ* … 80g
にんにくのみじん切りオイル漬け** … ひとつまみ
アサリ … 10個
白ワイン … 20ml
EV オリーブオイル、イタリアンパセリ、唐辛子、
　マグロのからすみ … 各適量
　　*断面が扁平なロングパスタ。バベッテとも呼ぶ。
　　**EV オリーブオイルに漬けたにんにくのみじん切り。
　　　P12 のドンチッチョのにんにくオイルを参照。

作り方
1 リングイネを茹で始める。茹で汁はとっておく。
2 フライパンに EV オリーブオイル少々、にんにくのみじん切りオイル漬け、ちぎっ
　た唐辛子を入れ、強火にかけ、アサリを加える。イタリアンパセリを入れて全
　体をあおって香りを出す。
3 2 に白ワインを加える。アサリの殻を開かせるために水（分量外）も少々加え、
　蓋をして弱火にする。
4 アサリが開いたら茹で上がったリングイネを加え、水分が足りないようであれ
　ば、リングイネの茹で汁を少々加え、EV オリーブオイルを少々加えて全体を軽
　く合わせ乳化させる。
5 皿に盛り、すりおろしたマグロのからすみ、イタリアンパセリのみじん切りをふ
　りかけ、ごく薄切りのマグロのからすみを飾りにあしらい、香りづけに EV オリー
　ブオイルを回しかける。
　　*マグロのからすみは塩味がしっかりしているので、パスタの茹で汁はあまり加えすぎないように。

Tagliolini alla Siciliana

シチリア風タリオリーニ（魚介とズッキーニ）

ズッキーニを揚げてパスタと和え、ペコリーノチーズをたっぷりふりかけるのはシチリアをはじめとする南イタリア各地で親しまれている食べ方。そこにさらにエビ、イカ、アサリを加え、ミニトマト、バジリコ、レモンで香り、彩りも鮮やかに仕立てる。海に囲まれ、野菜も豊富なシチリアらしいパスタになる。

材料（1人分）
タリオリーニ＊ … 90g
にんにくのみじん切りオイル漬け＊＊ … ひとつまみ
無頭小エビ … 5尾
ヤリイカ … 1杯
アサリ … 5個
イタリアンパセリのみじん切り … ひとつまみ
白ワイン … 20ml
ミニトマト … 4個
ズッキーニの素揚げ（1cm角切り）… 30g
バジリコの葉 … 2枚
レモンの皮の細切り … ひとつまみ
黒胡椒、塩、EV オリーブオイル … 各適量
　＊手打ちの細いパスタ。タリアテッレよりも幅が狭い。
　＊ EV オリーブオイルに漬けたにんにくのみじん切り。
　　P12 のドンチッチョのにんにくオイルを参照。

作り方
1 ヤリイカは胴体の部分は 1cm 幅の輪切り、ゲソの部分は 3 等分くらいに切る。レモンの皮は内側の白い部分を取り除いてから細切りにする。
2 タリオリーニを茹で始める。茹で汁はとっておく。
3 フライパンににんにくのみじん切りオイル漬け、小エビ、1 のヤリイカ、アサリ、イタリアンパセリを入れて中火にかける。
4 3 に白ワイン、パスタの茹で汁少々を加え、半分に切ったミニトマト、ズッキーニの素揚げ、ちぎったバジリコの葉を加えて蓋をし、軽く煮る。
5 タリオリーニが茹で上がる直前、4 にレモンの皮の細切りを加える。
6 茹で上がったタリオリーニを 5 に加え、黒胡椒、バジリコの葉 1 枚（分量外）も加え混ぜ、塩で調味する。
7 皿に盛り、レモンの皮のすりおろし（分量外）、イタリアンパセリのみじん切りをふり、EV オリーブオイルを回しかける。

レモンの皮をソースに加えるだけでなく、仕上げにすりおろしかけると一段と香り立つ。

Spaghettini con alici e origano

ヒシコイワシとオレガノのスパゲッティーニ

ヒシコイワシとミニトマト、オレガノで手早くソースを作り、パスタも細目のスパゲッティーニを使う。新鮮なヒシコイワシとスパイシーなオレガノの香りが食欲をそそるシチリア式クチーナ・エスプレッサ（時短料理）。

材料（1人分）
スパゲッティーニ … 90g
ヒシコイワシ … 4〜5尾
にんにくのみじん切りオイル漬け＊ … ひとつまみ
唐辛子 … ひとかけら
イタリアンパセリのみじん切り … ひとつまみ
オレガノ … ひとつまみ
白ワイン … 20ml
ミニトマト … 5個
バジリコの葉 … 1枚
グリーンピース（冷凍も可）… 15 粒ほど
塩、白胡椒　EV オリーブオイル … 各適量
　＊ EV オリーブオイルに漬けたにんにくのみじん切り。
　　P12 のドンチッチョのにんにくオイルを参照。

作り方
1 ヒシコイワシは頭、内臓を取り除き、開いて背骨をはずす。
2 スパゲッティーニを茹で始める。茹で汁はとっておく。
3 フライパンに EV オリーブオイルを引き、にんにくのみじん切りオイル漬け、ちぎった唐辛子を入れて中火にかけ、香りが立ってきたら 1 のヒシコイワシ、イタリアンパセリ、オレガノを加える。
4 3 に白ワインを加え、半分に切ったミニトマト、グリーンピース、ちぎったバジリコの葉も加え、蓋を少しずらして軽く蒸し煮する。色を鮮やかに仕上げたいので加熱はごく浅く。
5 4 に茹で上がったスパゲッティーニと茹で汁少々を加え混ぜ、塩、白胡椒で調味し、好みでオレガノ（分量外）も加える。
6 皿に盛り、EV オリーブオイルを回しかける。
　＊ヒシコイワシの身はくずれやすいので、パスタとは軽く和えるように注意する。

Risotto Segesta al limone e mandorla

リゾット・セジェスタ（レモンとアーモンドのリゾット）

セジェスタは、シチリアのアグリジェント、セリヌンテとともに三大神殿遺跡と呼ばれる。伝説によれば、トロイから流れ着いた民が築いたという。パレルモから一番近い、今はもう人も住まない山の上に神殿がそびえ、神への奉納に用いられたと考えられている古代劇場からは遠く海が見える。このリゾットは、レモンの皮と果肉の爽やかな酸味、そしてアーモンドの香ばしさがポイント。

材料（1人分）

イタリア米（カルナローリ種*）… 80g

たまねぎのみじん切り … 大さじ1

白ワイン … 30ml

ブロード … 420ml

サフラン … 少々

生クリーム … 少々

無塩バター … 小さじ1

パルミジャーノ・レッジャーノのすりおろし … 大さじ2

レモンの皮のすりおろし … 1/4個分

レモン果肉（薄皮を除いたもの）… 1房分

EV オリーブオイル、塩、胡椒、スライスアーモンド、
　パルミジャーノ・レッジャーノ … 各適量

　＊北イタリアで交配により作られた米の品種。でんぷん質を多く含み、
　　リゾットに適している。

作り方

1 鍋に EV オリーブオイル少々を引き、たまねぎを入れて中火でソテーする。

2 たまねぎが透明になってきたら、米を加え炒める。

3 米に油が十分回ったら、白ワイン、次にブロードを少し加えて混ぜる。サフランも加える。水分がほぼなくなったらさらにブロードを加え混ぜる。これを繰り返して米に十分ブロードを吸わせる。

4 生クリーム、無塩バター、パルミジャーノ・レッジャーノのすりおろし、レモンの皮のすりおろし、レモン果肉を加えて混ぜ、塩、胡椒で調味する。

5 皿に盛り、仕上げにスライスアーモンド、パルミジャーノ・レッジャーノのすりおろしをかける。

Tagliatelle al limone

レモンソースのタリアテッレ

バターと生クリームとチーズ、そして柑橘。1960年代から70年代の高度経済成長期に、そのリッチな味わいと柑橘の甘酸っぱさが斬新だとブームになった組み合わせ。ドンチッチョでは、トマトソースを使ってレモンの酸味、香りを際立たせる。ほんの少量加えた生ハムが隠し味。

材料（1人分）

タリアテッレ … 90g

無塩バター … 3g

生ハム … 5g

レモンの皮の細切り … 少々

白ワイン … 少々

トマトソース* … 160g

生クリーム … 25g

パルミジャーノ・レッジャーノ、
　レモンの皮の細切り … 各適量

　＊トマトソースの作り方は P9 参照。

作り方

1 フライパンにバター、薄切りにして刻んだ生ハムを入れ、中火にかける。

2 1にレモンの皮を加え、白ワインも加えてアルコールを飛ばす。

3 2にトマトソース、生クリームを加え混ぜる。冷めないようにしておく。

4 タリアテッレを茹でる。茹で汁はとっておく。

5 茹で上がったタリアテッレを3に加え、必要ならパスタの茹で汁少々で濃度を調整する。パルミジャーノ・レッジャーノのすりおろしを適量加え混ぜる。

6 皿に盛り、レモンの皮の細切り、パルミジャーノ・レッジャーノのすりおろしをかける。

Spaghettini estivi

スパゲッティーニの夏風味（冷たいアーモンド入りソース）

ミニトマト、オリーブ、ケイパー、バジリコ、にんにくオイル、そこへアーモンドを加えて混ぜ合わせる
だけの火を使わない簡単ソース。シチリア修業時代、夏の暑い頃に賄いで食べた思い出の味をドンチッ
チョ流にアレンジ。茹でたパスタに冷たいソースをかけ、混ぜ合わせると程よい温度に。

材料（1人分）

スパゲッティーニ … 90g
にんにくのみじん切りオイル漬け* … 少々
ミニトマト … 120g
緑オリーブ … 大2個
塩漬けケイパー … 10粒
バジリコの葉 … 2枚
アーモンド（砕いたもの） … 小さじ1
EVオリーブオイル、塩、スライスアーモンド、
　リコッタ・サラータ … 各適量

　＊ EVオリーブオイルに漬けたにんにくのみじん切り。
　　 P12のドンチッチョのにんにくオイルを参照。

作り方

1 スパゲッティーニを茹で始める。

2 ボウルににんにくのみじん切りオイル漬け、半分に切ったミニトマト、
　刻んだ緑オリーブ、塩を洗い落としたケイパーを入れ、バジリコの葉
　もちぎって加え、塩少々を加え混ぜる。

3 2に軽くローストして砕いたアーモンドを加え、EVオリーブオイルも
　加えてよく混ぜる。

4 茹で上がったスパゲッティーニを皿に盛り、その上に3をかけ、仕
　上げにスライスアーモンドとリコッタ・サラータのすりおろしをかける。
　バジリコの葉（分量外）を飾り、EVオリーブオイルを回しかける。

Busiate all'Egadina

ブジアーテのエガディ風
（バジリコとアーモンドのペースト）

ブジアーテは、トラーパニとその近郊の名物パスタ。針金を芯に長麺を螺旋状に巻きつけた形が独特で、伝統的にはアーモンド入りの冷たいトラーパニ風ペーストを合わせる。一方、トラーパニ沖の島、エガディ風のソースは、バジリコとアーモンドのペースト。そこへ素揚げのなすとミニトマト、さらにウニも加えたリッチなバージョン。

材料（1人分）
ブジアーテ（右下記参照）… 80g
バジリコとアーモンドのペースト（右下記参照）… 25g
米なすの素揚げ … 1cm 厚さのもの 1 枚
ミニトマト …4個
生ウニ … 24g
にんにくのみじん切りオイル漬け* … ひとつまみ
EV オリーブオイル、白胡椒、塩、
　ペコリーノチーズ … 各適量
　＊ EV オリーブオイルに漬けたにんにくのみじん切り。
　　P12 のドンチッチョのにんにくオイルを参照。

作り方
1 ブジアーテを茹で始める。茹で汁はとっておく。
2 素揚げした米なすは 1cm 程度の角切り、ミニトマトは 4 等分に切る。
3 フライパンに EV オリーブオイルを引き、にんにくのみじん切りオイル漬けを入れて中火にかけ、香りが出たらバジリコとアーモンドのペーストを加え、パスタの茹で汁を少々加えてのばす。
4 2 のなすとミニトマトを加え混ぜ、ウニを入れる。
5 4 に茹で上がったブジアーテを加え、白胡椒、塩、ペコリーノチーズのすりおろしも加えて調味する。
6 皿に盛り、EV オリーブオイルを回しかける。
　＊手打ちパスタのブジアーテは余ったら冷凍保存が可能。トレーの上にのせて冷凍庫でバラに固めてから、冷凍保存用の袋に入れる。

ブジアーテ
材料（作りやすい分量）
強力粉 … 400g	塩 … 4g
薄力粉 … 50g	EV オリーブオイル … 13ml
セモリナ粉 … 50g	ぬるま湯 … 190ml

作り方
1 強力粉、薄力粉、セモリナ粉、塩を混ぜ合わせる。
2 1 の粉の中央をくぼませ、そこへ EV オリーブオイルとぬるま湯を入れて混ぜ、表面がなめらかになるまでよく練る。全体がひとまとまりになったらラップで包み半日休ませる（夏は冷蔵庫に入れる）。
3 2 の生地を棒状に切り出し、一本をとって、台にのせ、両手のひらと台の間で生地を転がすようにのばしてうどんほどの太さにする。
4 3 を長さ 15cm に切り分け、一本をとって竹串に螺旋状に巻きつけて台にのせ、手のひらと台の間で転がして形を整えてから竹串を抜き、粉（分量外）をふったバットの上に並べる。

バジリコとアーモンドのペースト
材料（作りやすい分量）
バジリコ … 150g
アーモンド … 30g
EV オリーブオイル … 78ml
塩 … ひとつまみ

作り方
1 ミキサーにバジリコと EV オリーブオイル、塩を入れてなめらかなペースト状にする。
2 1 に刻んだアーモンドを加えて、ミキサーを 3 回ほど回して完成。

Elicoidali corti alle Madonie

エリコイダーリ・コルティのマドニエ風 (じゃがいも入り牛のラグー)

マドニエは、シチリア北部パレルモの東に広がる山地で、シチリア州立自然公園にも指定されている。その理由は豊かな水源。パレルモの街はすべてマドニエ山地の湧水に頼っている。手付かずの自然が残るこの土地の名産物は、ヘーゼルナッツとチーズ、そしてじゃがいも。マドニエ風のラグーはじゃがいもが加わった優しい味わいで後を引く。

材料 (1 人分)
エリコイダーリ・コルティ* … 80g
牛のラグー (下記参照) … 90g
新じゃがいものマッシュ … 10g
ブロード … 30ml
サフラン … 少々
塩、黒胡椒、ペコリーノチーズ、EV オリーブオイル … 各適量
   ＊エリコイダーリとは、プロペラ (イタリア語でエリカ) のような形をしたものという意味。螺旋状のエリケというパスタもあるが、エリコイダーリは、マカロニのような形で表面に斜めに溝が入っていることが多い (例外もある)。ここで使っているのは、コルティ (短い) バージョン。

作り方
1 エリコイダーリ・コルティを茹で始める。
2 温かいブロードにサフランを入れたら、そのままおき、色と香りを抽出させる。
3 小鍋に牛のラグーを入れ、2 を加え、新じゃがいものマッシュも加えて煮る。
4 3 に茹で上がったエリコイダーリ・コルティを加え、黒胡椒、塩、ペコリーノチーズのすりおろしを加えて調味する。EV オリーブオイルを少々加え混ぜる。
5 皿に盛り、好みでペコリーノチーズをふりかける。

牛のラグー
材料 (作りやすい分量)
たまねぎ … 120g
セロリ … 120g
にんじん … 100g
にんにくのみじん切りオイル漬け* … 小さじ 1
唐辛子 … 少々
月桂樹 … 1 枚
ブーケガルニ (ローズマリーとセージ) … 1束
牛挽き肉 … 1kg
赤ワイン … 20ml
トマトペースト … 20g
ブロード … 600ml
EV オリーブオイル、塩、胡椒 … 各適量
   ＊EV オリーブオイルに漬けたにんにくのみじん切り。P12 のドンチッチョのにんにくオイルを参照。

作り方
1 鍋に EV オリーブオイル、にんにくのみじん切りオイル漬け、唐辛子、たまねぎ・セロリ・にんじんのみじん切り、月桂樹、ブーケガルニを入れ、色づくまで弱火でじっくり炒める。
2 1 に牛挽き肉を加え、じっくり炒める。
3 2 に赤ワインを加えてアルコールを飛ばし、トマトペースト、ブロードを加えたら、1 時間半〜2 時間煮込む。塩、胡椒で調味する。

Spaghettoni con cipolla

たまねぎのスパゲットーニ

白くて甘い、できれば新たまねぎの季節にぜひ試してほしいパスタ。たまねぎが主役で、その他にはにんにく、唐辛子だけ。そしてこのパスタにはペコリーノチーズがとてもよく合う。ペコリーノをたっぷりふりかけて、胡椒をきかせて味わうシンプルながら奥深い一皿。

材料（1人分）
スパゲットーニ … 90g
炒めたまねぎ* … 大さじ 2.5
アンチョビ … 1/2 枚
にんにくのみじん切りオイル漬け** … ひとつまみ
唐辛子 … ひとかけら
EV オリーブオイル、塩、胡椒、
　ペコリーノチーズ … 各適量
　　*炒めたまねぎの作り方は P9 参照。
　　**EV オリーブオイルに漬けたにんにくのみじん
　　　切り。P12 のドンチッチョのにんにくオイルを
　　　参照。

作り方
1 スパゲットーニを茹で始める。茹で汁はとっておく。
2 フライパンに EV オリーブオイルを引き、にんにくのみじん切りオイル漬け、唐辛子を入れて火にかけ、温まったらアンチョビを加える。香りが出たら、炒めたまねぎを入れて色づかないように加熱する。
3 2 に茹で上がったスパゲットーニを加え、茹で汁を少し足したらよく混ぜ、すりおろしたペコリーノチーズをひとつまみ、塩、胡椒各少々で調味する。
4 皿に盛り、仕上げにすりおろしたペコリーノチーズ、胡椒をふったら、EV オリーブオイルを回しかける。
　*たまねぎが甘さ不足の場合は隠し味にパルミジャーノ・レッジャーノのすりおろしを少々加えると良い。パスタの茹で汁はソースの濃度調整のため加減して入れていく。

Buccoli alla Trinacria
ブッコリのトリナクリア風（シチリア版娼婦風）

トリナクリアは、女性の顔の周りに3本の足をつけたシチリアを表すシンボル。3本の足が西、東、南に突き出た島の形を模している。このパスタは、シチリアそのものを表す料理。アンチョビ、唐辛子、たまねぎ、パプリカ、ケイパー、オリーブ、トマト、オレガノ、身近な素材だけなのに驚くほどパワフルな味。

材料（1人分）
ブッコリ* … 80g
バジリコ、ペコリーノチーズ、EV オリーブオイル、胡椒、
　オレガノ … 各適量
トリナクリア・ソース（作りやすい分量）
　にんにくのみじん切りオイル漬け** … 小さじ 1 弱
　アンチョビ … 2 枚
　唐辛子 … 少々
　たまねぎのみじん切り … 1/4 個分
　パプリカ（赤）… 2 個
　塩漬けケイパー … 30 粒
　黒オリーブ … 3 〜 5 個
　トマトソース*** … 1100g
　オレガノ、EV オリーブオイル … 各適量
　*ブッコリとは巻き毛のこと。くるくると縦ロール状のショートパスタ。
　**EV オリーブオイルに漬けたにんにくのみじん切り。
　　　P12 のドンチッチョのにんにくオイルを参照。
　***トマトソースの作り方は P9 参照。

作り方
1 トリナクリア・ソースを作る。鍋に EV オリーブオイル少々を入れ、にんにくのみじん切りオイル漬け、刻んだアンチョビ、ちぎった唐辛子、たまねぎを加え、中火にかける。
2 全体がなじんだら、粗く刻んだパプリカを加え、柔らかくなるまでじっくりと炒める。
3 塩を洗い落としたケイパー、刻んだ黒オリーブ、オレガノ少々、トマトソースを加えて煮込む。
4 ブッコリを茹で始める。
5 フライパンに 3 のトリナクリア・ソース 90ml を入れて中火にかけ、茹で上がったブッコリを加え、ちぎったバジリコ、ペコリーノチーズのすりおろし、EV オリーブオイルをそれぞれ少しずつ加え混ぜる。胡椒をふる。
6 皿に盛り、オレガノをかける。
　*トリナクリア・ソースは余ったら冷蔵庫へ。3 〜 4 日保存が可能。

Gnocculi alla Ennese

エンナ風ニョックリ（チョコレート入り豚のラグー）

ニョックリとは、シチリア方言でニョッキのこと。広く知られているニョッキは茹でてつぶしたじゃがいもに小麦粉を加えた生地で作るが、じゃがいもが新大陸からもたらされる以前は、小麦粉で作るのが一般的だった。形は切っただけ、筋をつけるものなど土地や家庭によっていろいろ。ドンチッチョのニョックリは、シチリアの中央に位置する山間の街エンナ風。生地に指先でくぼみをつけてソースを絡みやすくし、ビターチョコレートとシナモンを加えたラグーを合わせる。現地では家庭によってはラグーに砂糖を加えることもある。

材料（1人分）
ニョックリ（下記参照）… 80g
チョコレート入り豚のラグー（下記参照）… 大さじ2（70g）
ペコリーノチーズ、EVオリーブオイル … 各適量

作り方
1 ニョックリを茹で始める。
2 小鍋にチョコレート入り豚のラグーを温めて、1を加えて和える。
3 器に盛り、ペコリーノチーズのすりおろし、EVオリーブオイルを回しかける。
　＊手打ちパスタのニョックリは余ったら冷凍保存が可能。トレーの上にのせて冷凍庫でバラで固めてから、冷凍保存用の袋に入れる。

ニョックリ
材料（作りやすい分量）
セモリナ粉 … 200g
強力粉 … 400g
塩 … 4g
オリーブオイル … 12g
ぬるま湯 … 248g

作り方
1 材料をすべて合わせ、練る。全体がひとまとまりになったらラップで包み半日休ませる（夏は冷蔵庫に入れる）。
2 1の生地を棒状に切り出し、一本をとって、台にのせ、両手のひらと台の間で生地を転がすようにのばしてうどんほどの太さにする。
3 2を長さ4cmに切り分け、親指を除く4本の指の先を生地に押しつけて凹形のへこみをつける。

親指を除く4本の指をパスタ生地にのせ、力を入れながらグッと手前に引くと、くぼみができる。

チョコレート入り豚のラグー
材料（作りやすい分量）
たまねぎ … 120g
にんにくのみじん切りオイル漬け＊ … 小さじ1
唐辛子 … 少々
月桂樹 … 1枚
ブーケガルニ（ローズマリーとセージ）… 1束
豚挽き肉 … 1kg
白ワイン … 20ml
トマトペースト … 20g
ブロード … 600ml
ビターチョコレート … 60g
シナモン … 少々
EVオリーブオイル、塩、胡椒、砂糖 … 各適量
　＊EVオリーブオイルに漬けたにんにくのみじん切り。
　　P12のドンチッチョのにんにくオイルを参照。

作り方
1 鍋にEVオリーブオイル、にんにくのみじん切りオイル漬け、唐辛子、たまねぎのみじん切り、月桂樹、ブーケガルニを入れ、たまねぎがあめ色になるまで弱火でじっくり炒める。
2 1に豚挽き肉を加え、じっくり炒める。
3 2に白ワインを加えてアルコールを飛ばし、トマトペースト、ブロードを加え、1〜2時間煮込む。
4 煮込み上がる10〜20分前に、刻んだビターチョコレートとシナモンを加え混ぜ、塩、胡椒、砂糖で調味する。

なすは中世初期に、原産地のインドより、アラブ人が地中海世界にもたらした野菜。アクの強さから当初は食物として見なされなかったが、亜熱帯気候を好むなすはシチリアに根づき、シチリア人はなすを美味しく食べるために試行錯誤を重ねた。おかげで今や、なすといえばシチリア、とまで言われている。このなすを使った、手間をかけたご馳走の代表格が、ティンバッロ。なすを揚げ、ラグーを作り、パスタを茹で、型に詰めてオーブンで焼く。これだけで半日はかかる上に、焼き上がってからしばらくおいて落ち着かせなければ切り分けることができない。日曜日の朝に作って、午後、遅めの昼食にゆっくりと味わうための料理である。

Timballo di melanzane
なすのティンバッロ

材料（直径 22cm の丸型1台分）

米なす … 4 個
アネッレッティ* … 350g
豚のラグー … 200g
トマトソース** … 150g
にんにくのみじん切りオイル漬け*** … 少々
グリーンピース（冷凍でも可）… 70g
パルミジャーノ・レッジャーノ … 25g
カチョカヴァッロ … 15g
サラミ … 80g
エメンタールチーズ … 80g
ゆで卵 … 4 個
EV オリーブオイル、モッリーカ（P24 参照）、塩、
　カチョカヴァッロ … 各適量
　　＊小さなリング状のパスタ。アネッリーニとも呼ばれる。
　　＊＊トマトソースの作り方はP 9参照。
　　＊＊＊EV オリーブオイルに漬けたにんにくのみじん切り。
　　　　P12 のドンチッチョのにんにくオイルを参照。

作り方
1　米なすを厚さ 5mm ほどに縦に薄切りにし、アク抜きをしてから、
　素揚げする。
2　丸型の内側に無塩バター（分量外）を塗り、モッリーカ（炒った
　パン粉）をまぶしておく。
3　アネッレッティを茹で始める。
4　鍋ににんにくのみじん切りオイル漬けと EV オリーブオイル少々を
　入れ、中火にかける。香りが立ってきたら、豚のラグーとトマトソー
　ス、グリンピースを加え混ぜる。
5　4 に茹で上がったアネッレッティを加え、パルミジャーノ・レッ
　ジャーノとカチョカヴァッロのすりおろしを加えてよく混ぜる。
6　サラミ、エメンタールチーズはそれぞれ薄切りにした後、1cm 角
　の色紙切り、ゆで卵は薄切りにする。
7　2 の型に 1 のなすを隙間なく敷き詰める（a～b）。このとき、な
　すが型の高さよりも2～3cm ほどはみ出すようにする。
8　7 に 5 のパスタを半量入れて平らにならし、6 のサラミ半量を入
　れる（c）。さらに、エメンタールチーズの半量、ゆで卵全量を層
　に重ね、塩をふり、残りのサラミ、残りのエメンタールチーズの
　順で重ねる。
9　カチョカヴァッロのすりおろし少々を 8 にふり（d）、残りのパス
　タを入れて表面を平らにし、さらにカチョカヴァッロのすりおろ
　し少々をふって、型からはみ出しているなすを内側に折りたたん
　で、その上に残りのなすを敷き詰め平らにならす（e）。
10　モッリーカを 9 の上面にふりかけ、EV オリーブオイルを回しかけ
　る。
11　150 度のオーブンで 25 〜 30 分、焦げすぎに注意しながら焼
　く。焼き上がったら型から抜く。カットして皿に盛り、好みでパ
　ルミジャーノ・レッジャーノのすりおろし、トマトソース（各分量外）
　を添える。
　　＊十分に冷ました方が型からも抜きやすく、
　　　カットもくずれずにできる。もちろん、
　　　冷まさずに温かいまま供しても良い。

アネッレッティはティン
バッロ専用のショートパス
タ。小さな輪型で、ラグー
とからみやすく、型の中で
もパスタ同士しっかりから
み合う。イタリアの中北部
ではまず見かけないパスタ。

a

b

c

d

e

豚のラグー
材料（作りやすい分量）

たまねぎ … 250g
にんにくのみじん切りオイル漬け* … 小さじ 1
唐辛子 … 少々
月桂樹 … 1 枚
ブーケガルニ（ローズマリーとセージ）… 一束
生ハム … 20g
豚挽き肉 … 1kg
白ワイン … 20ml
トマトペースト … 20g
ブロード … 600ml
EV オリーブオイル、塩、胡椒 … 各適量
　＊EV オリーブオイルに漬けたにんにくのみじん切り。
　　P12 のドンチッチョのにんにくオイルを参照。

作り方
1　鍋に EV オリーブオイル、にんにくのみじん切りオイル漬
　け、唐辛子、たまねぎのみじん切り、月桂樹、ブーケガ
　ルニを入れ、たまねぎがあめ色になるまで弱火でじっくり
　炒める。
2　1 に 5mm 角ほどに刻んだ生ハム、豚挽き肉を加え、じっ
　くり炒める。
3　2 に白ワインを加えてアルコールを飛ばし、トマトペース
　ト、ブロードを加え、約 1 時間煮込む。塩、胡椒で調味する。

Cous cous

クスクス

シチリア西部、トラーパニとその近郊の伝統料理クスクス。アラブ由来のこの料理、実はかなり手間がかかる。セモリナ粉に薄い塩水を少しずつ加えて根気よく混ぜ合わせていくと粉同士がくっついて粒状になる。そこにオイルやハーブ、スパイスなどを少しずつ加えて下味をつけ、蒸したものがクスクス。混ぜ合わせる時の大きな鉢マファラッダ、蒸し器クスクスィエラなど専用の道具を揃える必要があり、昨今では手作りする家庭はほとんどないという。代わりに使われるのが、インスタントのクスクス。水分を加えるだけで蒸しあがった状態と同じになる。これにスーゴ（煮汁）や調味料を加えて好みの味付けに仕上げる。スーゴはトラーパニの伝統では魚介のトマト煮。その他、鶏や仔羊、野菜だけのバージョンもある。モロッコなど北アフリカではアリッサのような辛いペーストを添えるが、シチリアのクスクスはスーゴの旨味を心ゆくまで楽しむ料理である。

材料（5人分）
クスクス … 250g
スーゴ（煮汁）
　たまねぎ … 40g
　セロリ … 40g
　唐辛子 … 少々
　有頭エビ … 8尾
　カサゴ … 300g
　ハタ … 300g
　ムール貝 … 8個
　アサリ … 10個
　ヤリイカ … 300g
　ホールトマト … 500g
　白ワイン … 100ml
塩、胡椒、EV オリーブオイル … 各適量

作り方
1 スーゴを作る。たまねぎとセロリのみじん切り、唐辛子を EV オリーブオイルを引いた鍋で炒める。
2 1の全体がなじんだら、有頭エビ、ぶつ切りにしたカサゴとハタ、ムール貝、アサリ、輪切りにしたヤリイカを加え、炒める。
3 2にホールトマト、白ワインを加え、水（分量外）をかぶるくらいに注いで蓋をし、弱火で1時間ほど煮る。
4 3が煮上がったら、別鍋にクスクスと同量のスーゴ（煮汁のみ）を入れて火にかけ、沸騰したらクスクスを加えて混ぜる。
5 4をバットにあけ、ヘラなどでほぐしながらクスクスにスーゴを吸わせる。汁気がなくなったら塩、胡椒、EV オリーブオイルで調味する。
6 皿にクスクスを盛り、3から魚介を取り出して盛りつけ、EV オリーブオイルをひと回しかける。別の器にスーゴを入れて添える。食べる時に適量スーゴをクスクスにかける。

クスクスと同量のスーゴを混ぜてしっかりと吸わせる。粉臭さが抜け、食べる時にかけるスーゴとのなじみが良くなる。

Second Piatto

充実の前菜とプリモ・ピアットの後に登場するセコンド・ピアットは、それなりの存在感を漲らせるものが求められます。そこで筆頭格として用いられるのが、丸々一尾の魚。ハタやタイ、カサゴなどを姿のままオーブンで焼いたり、フライパンでアクアパッツァにしたり、時には塩釜焼きにもします。トマトやオレガノなどのハーブが地中海ならではの風味を添える、まさにシチリアらしいメイン料理です。また、カジキもシチリア料理のスーパースター。シンプルなグリルから、具材たっぷりのソースとともに味わうソテー、フィリングを包んで串焼きにするインヴォルティーニなど、八面六臂の活躍を見せます。一方、肉料理も負けていません。伝統的に肉はあまり食べる機会のなかった素材ですが、それでも鶏やうさぎはオーブン焼きや煮込みとして親しまれてきました。特にうさぎや仔羊にはアグロドルチェ（甘酸っぱい）の味付けをするのが、アラブの伝統を受け継いだシチリア好み。やや淡白な肉質の豚や仔牛にもトマトソースやマルサラの濃厚なソースを添えて、味の骨格をしっかり整えます。魚にしても肉にしても、全体的に前菜よりも時間と手間をかけ、盛りつけも華やかに仕立てるのがセコンド・ピアットの特徴。シチリア焼きの絵皿や大きなプレートに盛りつけて取り分けるなど、プレゼンテーションも工夫したいものです。

Pesce all'acqua pazza

魚のアクアパッツァ

アクアパッツァは、短時間で丸ごと一尾の魚の旨味を引き出す調理法。水分を沸騰させ、その煮汁を魚にかけながら味を染み込ませていく。貝類も加えると一段と美味しさが増す。その他、素材としてはトマト、にんにく、イタリアンパセリが欠かせない。皿に銘々取り分けたら、残ったスーゴ（煮汁）もたっぷりとかけて。このスーゴがまた美味しいのだ。

Pesce all'acqua pazza

魚のアクアパッツァ

材料（2〜3人分）
ハタ … 1尾（550g くらい）
にんにくのみじん切りオイル漬け＊ … ひとつまみ
アサリ … 6〜8 個
ムール貝 … 4 個
オイル漬けドライミニトマト … 6 個
緑オリーブ … 5 個
塩漬けケイパー … 10 粒
EV オリーブオイル、イタリアンパセリのみじん切り、
　塩、胡椒 … 各適量
　＊EV オリーブオイルに漬けたにんにくのみじん切り。
　　P12 のドンチッチョのにんにくオイルを参照。

作り方
1 ハタは内臓を取り除き、洗って水分を拭き取る。
2 フライパンに EV オリーブオイルをやや多めに引き、にんにくのみじん切りオイル漬けを入れ、1 のハタを強火でソテーする。塩、胡椒する。
3 2 にアサリ、ムール貝を加え、貝類がひたひたに浸かる程度に水を加える。
4 3 にオイル漬けドライミニトマト、緑オリーブ、塩を洗い落としたケイパーを加える。
5 強火のまま、アクを取りながら、水分がほとんどなくなるまで煮汁をハタにかけ続ける。
6 皿に盛り、イタリアンパセリ、EV オリーブオイルをかける。
　＊魚から出る旨味を利用する調理法なので、ハタのほか、タイ、カサゴ、アイナメ、カワハギなど、魚自体の味がいいものを使うと良い。

Pesce in crosta

魚の塩釜焼き

ペッシェ・イン・クロスタのクロスタとは、カリカリになった表面のこと。パンの焼き色がついた表面やチーズの皮もクロスタと呼ぶ。イン・クロスタは、クロスタに包んだ、つまり、小麦粉で作った生地で肉や魚を包んで焼いたものを指す。ここで紹介するのは、塩と小麦粉を同量で練った生地を使う、いわば塩釜焼き。塩味は魚の外側から、魚の腹に詰めた柑橘やハーブの風味は内側からじんわりと染み込む。手間はかかるけれど、その甲斐のあるセコンド・ピアット。

材料（2〜3人分）
マダイ … 1尾（500g くらい）
オレンジとレモンのスライス、にんにく、
　フェンネルの葉 … 各適量
強力粉 … 350g
塩 … 350g
卵 … 3 個
水 … 適量

作り方
1 マダイは内臓を取り出してきれいに掃除し、そこにオレンジ、レモン、つぶしたにんにく、フェンネルの葉を詰める。
2 強力粉、塩、卵、水を混ぜ合わせて練り、めん棒でのばし、マダイよりもひとまわり大きな生地を2枚作る。
3 魚の形にととのえた 2 の生地の一枚の上に 1 のマダイをのせ、もう一枚の生地をかぶせてぴったりと縁を押さえる。生地が残ったら顔やうろこなどを作って飾りつけてもよい。
4 160 度のオ　ブンで 50 分ほど焼く（焼き時間は魚の大きさによって調整する）。
5 サービスする時は、上面の生地をナイフで切り開き、中の魚には好みで EV オリーブオイル（分量外）をかける。

野生のフェンネルの葉はハーブとしてシチリアでは大活躍する素材。栽培物よりも香りが強い。

Pesce spada alla Siciliana

カジキのシチリア風

Pesce spada alla Palermitana

カジキのパレルモ風

シチリア人とカジキ

イタリア語でカジキはペッシェ・スパーダ、スパーダとは剣のことで、カジキの特徴である細長く尖った上顎を指している。カジキにはメカジキ科とマカジキ科があるが、イタリアでは主にメカジキが流通しており、シチリアとカラブリアの間のメッシーナ海峡が主な漁獲地。紀元前2世紀にはその漁が行われていたという。伝統的な漁法は、フェルーカと呼ばれる平底の小さなボートに5〜6人が乗り、中央に立てたマストのような棒によじ登った見張りが目当ての魚を見つけると、全力で漕いで魚に近づき銛を投げて突き刺すというもの。メカジキは4月から9月にかけて産卵のため海面近くに現れるので、それを狙うのである。大きなものでは体長4m、重さ400kg以上にもなるというメカジキ漁はやはり危険で、銛を投げる時には聖母マリアに加護を祈るのが決まりだった。しかも、メカジキはつがいの絆が強く、一頭が獲られるともう一頭が時に漁師を襲うという。結局、最後には2頭ともが仕留められてしまうのだが、往年のシンガーソングライター、ドメニコ・モドゥーニョは「U Pisci Spada」という歌で2頭の愛と死を物語っている。シチリアにとってこの魚は、生活の糧であると同時に共に生きてきた同志のような存在なのだ。

Pesce spada alla Siciliana

カジキのシチリア風

ソテーしたカジキにセロリやたまねぎ、松の実、レーズン、オリーブ、ケイパーを煮込んだトマトソースをかけてオーブンで焼く。別名「カジキのア・ギオッタ（美味しいカジキ）」とも呼ばれる、シチリア東部、カジキの水揚げの本拠メッシーナの伝統料理。ソースの材料は家庭により違いがあり、カジキもソテーではなく揚げる場合もある。

材料（1人分）
カジキの切り身 … 180g
塩、胡椒、小麦粉、EV オリーブオイル … 各適量
ブロード … 150ml
イタリアンパセリのみじん切り … 適量
リコッタ・サラータ … 適量
シチリアーナソース（作りやすい分量）
　にんにくのみじん切りオイル漬け* … ふたつまみ
　たまねぎ（粗みじん切り）… 120g
　セロリ（粗みじん切り）… 125g
　月桂樹 … 1枚
a ｜松の実 … 85g　レーズン … 120g
　｜緑オリーブ（刻む）… 18個
　｜塩漬けケイパー（塩を抜いて水気を切る）… 90g
　ホールトマト（ジュースごと）… 210ml
　水 … 160ml
　砂糖 … 小さじ2
　EV オリーブオイル … 小さじ1
　塩、胡椒 … 各適量
＊ EV オリーブオイルに漬けたにんにくのみじん切り。
　 P12 のドンチッチョのにんにくオイルを参照。

作り方
1 シチリアーナソースを作る。鍋に EV オリーブオイル、にんにくのみじん切りオイル漬けを入れて火にかけ、香りが立ってきたらたまねぎとセロリ、月桂樹を加えて炒める。
2 全体がなじんだら、a を加え、さらに炒める。
3 全体がなじんだら、ホールトマト、水を加え、20分ほど煮る。
4 塩、胡椒、砂糖で調味してシチリアーナソースは完成。
5 カジキに塩、胡椒をし、全体に小麦粉をまぶして、EV オリーブオイル少々を引いたフライパンで両面に焼き色がつくようにソテーする。
6 耐熱皿に 5 を移し、シチリアーナソースを表面にたっぷりとのせ、月桂樹をつき刺し、カジキの周りにブロードを注ぐ。180度のオーブンで15分ほど、ブロードの水分がほど良く煮詰まってソース状になるまで焼く。仕上げに EV オリーブオイル（分量外）、イタリアンパセリのみじん切り、リコッタ・サラータをすりおろしてかける。
＊シチリアーナソースは冷蔵庫で4～5日保存が可能。

Pesce spada alla Palermitana

カジキのパレルモ風

パレルモのトラットリアでは定番、もちろん、家庭でも手軽に作られるお馴染みの料理。ドンチッチョのカジキのパレルモ風はパン粉にオレガノ、ペコリーノ、トマトソース、にんにくでしっかり味をつけてまぶし、炭火でグリル。伝統的には揚げる方法もあるが、フライパンでソテーしても美味しい。

材料（1人分）
カジキの切り身 … 180g
衣（作りやすい分量・約10人分）
　｜パン粉 … 100g
　｜オレガノ … 2g
a ｜ペコリーノチーズ … 10g
　｜トマトソース* … 80g
　｜にんにくのみじん切りオイル漬け** … 小さじ2
塩、胡椒、EV オリーブオイル … 各適量
　＊トマトソースの作り方は P9 参照。
　＊＊ EV オリーブオイルに漬けたにんにくのみじん切り。
　　 P12 のドンチッチョのにんにくオイルを参照。

作り方
1 衣を作る。a の材料すべてを混ぜる。
2 カジキの切り身に塩・胡椒し、EV オリーブオイルをうっすらと塗る。
3 2 に 1 の衣を全面にしっかりとつけ、グリルする。
4 皿に盛り、EV オリーブオイルを表面にかける。彩りにトレヴィスやセロリの葉、イタリアンパセリ、レモンやオレンジ（各分量外）を添える。

Involtini di pesce spada

カジキのインヴォルティーニ

Involtini di pesce spada

カジキのインヴォルティーニ

パン粉、レーズン、松の実などを混ぜたフィリングをカジキの切り身でくるりと巻いて焼く、シチリア伝統料理。今はインヴォルティーニ（巻いたもの）という名前が一般的だが、かつては薄切り肉を意味するブラチョーレあるいはブラチョリーネと呼ばれた。地域によってレシピはいろいろ。例えば、メッシーナ風では刻んだカジキをパン粉やトマトソースと一緒に炒め、裏ごししたものをフィリングにする。ドンチッチョでは、フィリングにブラッド・オレンジの搾り汁を加える。オレンジの香りと甘味が淡白なカジキとよく合い、心地よい余韻を残してくれる。

材料（30 個分）
カジキの薄切り（一切れ 30g）… 30 枚
たまねぎ … 大 2 個
a｜アンチョビ … 4 枚
　｜松の実 … 35g
　｜レーズン … 70g
パン粉 … 180g
ブラッド・オレンジ … 2 個
パルミジャーノ・レッジャーノ … 180g
紫たまねぎ、月桂樹、胡椒、EV オリーブオイル … 各適量

作り方
1 たまねぎをみじん切りにし、鍋に入れ、EV オリーブオイルでソテーして色づいてきたら a を加え、胡椒をし、一度火からおろす。たまねぎの周囲に余分な油がにじみ出てくるので、油分を取りおく。
2 1 に軽く炒ったパン粉、すりおろしたパルミジャーノ・レッジャーノ、ブラッド・オレンジの搾り汁を加え混ぜしっとりとした状態にする。
3 カジキを一枚ずつ薄くたたきのばし、一枚につき、2 を 20g ずつのせ、包み込むようにくるくると巻く（a、b）。
4 3 にパン粉（分量外）をまぶし、くし形に切ってばらした紫たまねぎと月桂樹が交互に間に挟まるように金串に刺す。
5 熱した炭の上に網をのせて焼き目がつくまで焼く。あるいは、EV オリーブオイルを引いたフライパンで焼き目をつけてから、180 度のオーブンで 5 分程度焼く。
6 皿に盛り、焼き目をつけたブラッド・オレンジのスライス（分量外）を添える。

a

b

Pesce al forno

魚のオーブン焼き

魚を丸々一尾料理するならオーブン焼きが一番。シチリアの家庭では浅鍋を使って、まずソテーし、そのままオーブンに入れる。手軽な上じんわり火が通るので美味しく仕上がる便利な調理法。ドンチッチョでは、魚の下に炒めたまねぎを敷いて焦げ付きを防ぎながら味をプラス。野菜の旨味を存分に纏った魚の味わいはまた格別。

材料（3 人分）
ホウボウ … 1 尾（450 〜 500g くらい）
にんにく … 1 片
ブロード … 150ml
EV オリーブオイル、炒めたまねぎ（P9 参照）、
　ローズマリー、ゆでたじゃがいも、ミニトマト、
　イタリアンパセリのみじん切り、塩、胡椒 … 各適量

作り方
1 ホウボウは内臓を取り除き、洗って水気を拭き取り、塩、胡椒をし、皮つきのにんにくとともに EV オリーブオイルを引いたフライパンで表面をさっと焼く。
2 耐熱皿に炒めたまねぎを敷き、1 のホウボウをのせ、にんにく、ローズマリーをその上にあしらう。周囲にゆでたじゃがいも、ミニトマトを並べ、ブロードを注ぎ入れる。
3 200 度のオーブンで 24 分ほど、汁気がほとんどなくなるまで焼く。
4 仕上げにイタリアンパセリのみじん切りをふり、EV オリーブオイルをかける。

Polpette di sarde

イワシのポルペッテ

ポルペッテとは、団子のこと。肉も魚も野菜もすべて、ポルペッテといえば細かく刻んだ材料を混ぜ合わせて、団子状にして、揚げたり、焼いたり、煮込んだものを指す。残りものも混ぜてしまえる"始末料理"としてシチリアのみならずイタリア全国で重宝され、愛されている。ドンチッチョのイワシのポルペッテは、ペコリーノ、松の実、レーズンを加えるのがいかにもシチリア的。こんがり焼いてから自家製のトマトのパッサータでじっくり煮込んだ、優しい味わいが人気の理由。

材料（28個分）

イワシ … 1kg
パン粉 … 130g
ペコリーノチーズ … 60g
レーズン … 30g
松の実 … 30g
卵 … 2個
イタリアンパセリ … 6g
にんにくのみじん切りオイル漬け＊ … 小さじ1
月桂樹 … 1枚
トマトのパッサータ＊＊ … 1リットル
白ワイン … 50ml
塩、胡椒、小麦粉、EV オリーブオイル … 各適量

＊ EV オリーブオイルに漬けたにんにくのみじん切り。
　 P12 のドンチッチョのにんにくオイルを参照。
＊＊トマトの裏ごし。作り方は P9 参照。

作り方

1 イワシは頭と骨、内臓を取り除き、身の半分はざく切りに、残りの半分は細かくたたく。

2 1をボウルに入れ、パン粉、ペコリーノチーズのすりおろし、レーズン、松の実、卵、イタリアンパセリのみじん切り、にんにくのみじん切りオイル漬けを加え混ぜ、塩で調味する。

3 2を一個 40g に分けて円盤形にまとめる。

4 3に小麦粉をまぶし、EV オリーブオイル、月桂樹を入れたフライパンで中火で焼き、表面に焼き色をつける。

5 トマトのパッサータに胡椒、白ワインを加えて軽く煮る。

6 5に 4を加えて蓋をし、弱火で煮込む。

7 皿に 6のポルペッテを盛り、ソースをたっぷり添え、EV オリーブオイルをかける。好みでイタリアンパセリ（分量外）を刻んだものを散らしてもよい。

トマトのパッサータに使うのは、サンマルツァーノのような果肉が厚く、水分の少ない完熟タイプが最適。

Calamari ripieni con pistacchi

ヤリイカの詰め物　ピスタチオ入り

小ぶりのイカにパン粉、イカのゲソ、エビ、ピスタチオ、チーズなどを混ぜ合わせたフィリングを詰めてトマトソースで煮込む。具沢山なフィリングとオリーブとケイパーでコクを出したトマトソースでイカを贅沢に味わう料理。作ってからしばらくすると味が一層なじむので、作りおいて前菜としても楽しめる。

材料 (4 人分)

ヤリイカ … 4 杯
たまねぎ … 1 個
モッリーカ＊ … 3 つかみ
エビのむき身 … ヤリイカのゲソと同量
ピスタチオ (みじん切り) … 大さじ 2
パルミジャーノ・レッジャーノ (すりおろし) … ひとつかみ
ドンチッチョのにんにくオイル＊＊ … 少々
トマトソース＊＊＊ … 240ml
緑オリーブ … 4 個
塩漬けケイパー … 大さじ 2
EV オリーブオイル、イタリアンパセリのみじん切り、
　塩、胡椒 … 各適量
　＊炒ったパン粉。P24 参照。
　＊＊にんにくのみじん切りを漬けた EV オリーブオイル。作り方は P12 参照。
　＊＊＊トマトソースの作り方は P9 参照。

作り方

1 ヤリイカは内臓を取り除き、ゲソは刻む。
2 たまねぎは薄切りにし、EV オリーブオイルを引いたフライパンで色づかないよう弱火で柔らかくなるまで炒める。
3 2 のたまねぎ、モッリーカ、1 のゲソ、刻んだエビのむき身、ピスタチオ、パルミジャーノ・レッジャーノ、ドンチッチョのにんにくオイル、イタリアンパセリのみじん切りと EV オリーブオイルを加え、よく混ぜ合わせる。塩、胡椒で調味する。
4 1 のヤリイカの胴に 3 を詰め、楊枝でとめ、EV オリーブオイルを引いた平鍋でソテーする。
5 4 に焼き色がついたら、トマトソース、細切りにした緑オリーブ、塩を洗い落としたケイパーを加え、蓋をして 20 分ほど弱火で煮る。
6 5 のイカを取り出し、残ったソースは EV オリーブオイル少々とともにミキサーにかける。オリーブとケイパーがつぶれたら完了。
7 5 のイカを輪切りにして皿に盛り、6 のソースを添える。イタリアンパセリのみじん切りをふり、EV オリーブオイルをかけ、刻んだピスタチオ (分量外) を散らす。好みでトレヴィス、イタリアンパセリ、フェンネルの葉を添える (各分量外)。

フィリングの材料をすべて混ぜ合わせ、味を見て足りなければパルミジャーノ・レッジャーノや塩で加減する。

内臓を取り除き、水洗いして水気を拭き取ったイカの胴を片手で持ち、スプーンでフィリングを詰める。

トマトソースで煮込んだら取り出して、残ったソースはミキサーにかける。食べる直前に切って盛りつける。

Maiale alla nocciola

豚ローストのヘーゼルナッツ風味

豚ロースをソテーして、オレンジの蜂蜜、ペコリーノを隠し味に、ナッツの
香ばしい風味を纏わせた上、さらにスイートとドライ、2種のマルサラを
煮詰めた芳醇なソースを添えた贅沢なひと皿。クチーナ・
ポーヴェラ（身近な素材を使った料理）とは明らかに
違う、シチリア貴族階級的料理。

材料（1人分）
骨付き豚ロース … 270g
ヘーゼルナッツ（ローストしたもの）… 20g
スライスアーモンド … 3g
EV オリーブオイル、オレンジの蜂蜜、ペコリーノチーズ、
　モッリーカ（P24 参照）、塩、胡椒、小麦粉 … 各適量
マルサラソース
　マルサラ・ドルチェ＊ … 90ml
　マルサラ・セッコ＊ … 10ml
　フォン・ド・ボー＊＊ … 10ml
　生クリーム … 15ml
　＊シチリア西部マルサラ特産の酒精強化ワイン。セッコ（ドライ）は
　　食前酒や食後酒として、ドルチェ（スイート）は食後酒に供される。
　＊＊仔牛や牛の骨を野菜とともに焼き、ブロードまたは水で煮込み、
　　漉したもの。市販のものを使っても良い。

作り方
1 骨付き豚ロースに塩、胡椒し、小麦粉をまぶす。
2 フライパンにやや多めの EV オリーブオイルを引き、強火で 1 の
　両面をソテーする。
3 2 を取り出して、片面にオレンジの蜂蜜を薄く塗り、ペコリーノチー
　ズのすりおろしを少々ふり、四つ割り程度に粗く砕いたヘーゼル
　ナッツ、スライスアーモンドも上面にまぶしつけ、モッリーカをふ
　りかける。
4 200 度のオーブンで 5 分ほど焼く。
5 焼いている間にマルサラソースの材料をすべて小鍋に入れ、とろ
　みがつくまで煮詰める。
6 焼き上がった 4 を皿に盛り、5 のマルサラソース、あればハーブ
　や葉野菜（各分量外）を添える。

Pollo alla Siciliana

鶏のシチリア風

鶏は身近な家禽ではあったけれど、卵を取ることが重要な目的だった
ため、あまり頻繁に食卓に上るものでもなかった。だから、シチリア
料理における食材としての鶏の扱いにバリエーションはさほどない。
それでも、美味しく食べるコツはもちろんあって、例えばローズマリー
で独特の臭みを抑え、ブロードを使ってしっとりと仕上げることなどは、
シンプルながら素材の味を引き出す王道の技。

材料（2人分）
鶏 … 1/2 羽
にんにく … 1 片
ブロード … 120ml
なす、黒オリーブ、塩漬けケイパー、ミニトマト、アンチョビ、
　ローズマリー、オレガノ、EV オリーブオイル、
　イタリアンパセリのみじん切り、塩、胡椒 … 各適量

作り方
1 なすは輪切りにし、網焼き、もしくは、フライパンで軽く焼き目
　をつけておく。
2 鶏は、塩、胡椒し、皮つきのにんにくとともに EV オリーブオイ
　ルを引いたフライパンで全体に焼き色がつくようにソテーする。
3 耐熱皿に 2 の鶏を入れ、周囲に 1 のなすとミニトマト、黒オリー
　ブ、塩を洗い落としたケイパーを並べ、鶏の手羽元にローズマリー
　と 2 のにんにくをはさみ入れ、全体にオレガノをふる。
4 3 にブロードを注ぎ入れ、180 度のオーブンで 25 分ほど焼く。
　焼き上がる 5 分ほど前に、アンチョビをちぎってミニトマトの上
　にのせる。
5 仕上げにイタリアンパセリのみじん切りをふり、EV オリーブオイ
　ルをかける。

Vitello alla Conca d'oro

仔牛のコンカ・ドーロ風

薄切りの仔牛肉をたたいて薄く伸ばし、小麦粉をまぶしてソテーし、さらにワインやレモンで風味づける料理は、イタリアで一般的にスカロッピーナと呼ばれる。その一つとして、マルサラを使うバージョンもあるけれど、このコンカ・ドーロ風は、ブロード、バター、フォン・ド・ボーも加えて味により深みを与えるのがポイント。"黄金の盆地"の名に恥じない豊かさを感じさせる。

材料（1人分）

仔牛肉（しんたま）の薄切り … 55g×2 枚
揚げなす … 2 切れ
モッツァレッラ … 15g
トマトソース … 少々
ブロード … 35ml
無塩バター … 5g
EV オリーブオイル、マルサラ・ドルチェ＊、マルサラ・セッコ＊、
　フォン・ド・ボー＊＊、塩、胡椒、小麦粉 … 各適量
　＊シチリア西部マルサラ特産の酒精強化ワイン。セッコ（ドライ）は
　　食前酒や食後酒として、ドルチェ（スイート）は食後酒に供される。
　＊＊仔牛や牛の骨を野菜とともに焼き、ブロードまたは水で煮込み、
　　漉したもの。市販のものを使っても良い。

作り方

1 仔牛肉の薄切りをたたいてのばし、筋切りをし、塩、胡椒をふり、小麦粉をまぶす。
2 フライパンに EV オリーブオイルを引き、強火で **1** をソテーする。
3 1.5cm 厚さに輪切りして素揚げしたなすにモッツァレッラをのせて塩をふり、トマトソース（なるべく果肉部分）をさらにのせ、200 度のオーブンでモッツァレッラが溶けるまで焼く。
4 **2** にマルサラ・ドルチェ、マルサラ・セッコを各少々、ブロードを加え、蓋をして弱火で軽く煮詰める。
5 **4** にフォン・ド・ボー少々、無塩バターを加え、塩、胡椒をする。
6 皿に仔牛肉を移し、その上に **3** をのせ、残った **5** をソースとしてかける。彩りにハーブや葉野菜（各分量外）を添える。

Coniglio in agrodolce

うさぎのアグロドルチェ

アグロは酸っぱい、ドルチェは甘い。アグロドルチェといえば甘酸っぱい味付けの煮込み料理のこと。中世に遡る伝統的な料理法で、肉を柔らかく美味しく食べるために編み出された。特に鶏やうさぎ、家禽によく使われる。骨からも旨味を引き出すために骨ごとぶつ切りにしてじっくりと煮込むのが鉄則。ドンチッチョのアグロドルチェは、レーズンの甘みを利用するので砂糖は控えめ。

うさぎ1羽は骨つきのまま6等分にぶつ切り。鮮度がよければレバーも使うとコクのある味わいに。

材料（6人分）

うさぎ … 1羽
にんにく … 2片
たまねぎ … 3/4個
セロリ … たまねぎと同量
松の実 … 25g
レーズン … 25g
緑オリーブ … 10個
月桂樹 … 1枚
白ワイン … 100ml
白ワインビネガー … 50ml
砂糖 … 大さじ1
EVオリーブオイル、ブロード、塩、
　胡椒、小麦粉 … 各適量

作り方

1　うさぎはぶつ切りにする（胴体は6等分くらい）。レバーもあれば、適当に切り分ける。

2　1に塩、胡椒をし、小麦粉をまぶして、色づかない程度にEVオリーブオイルを引いたフライパンでソテーする。

3　にんにくはつぶし、たまねぎとセロリのみじん切りとともに鍋に入れ、EVオリーブオイルを加えて炒める。

4　刻んだ緑オリーブ、レーズン、松の実、月桂樹を加えてさらに炒める。

5　2を鍋に入れたら白ワインを加えてアルコールを飛ばし、白ワインビネガーを加える。

6　ブロードをひたひた程度に加え、200度のオーブンで1時間煮込む。

7　塩、胡椒、砂糖で調味したら皿に盛り、彩りにハーブや葉野菜（各分量外）を添える。

＊煮込んだ後、半日ほど寝かせると味がなじむ。

Bracioline di maiale

豚のブラチョリーネ（トマトソース煮）

カジキのインヴォルティーニ（P94）は呼び名が変わったけれど、豚のブラチョリーネは昔のまま。薄切りの豚肉でフィリングを包んでトマトソースで煮込む。オーブンでじっくり火を通すとソースの味が芯まで染み込んで至極美味。

材料（20個分）
豚肩ロースの薄切り … 一枚 50g×20 枚
a｜たまねぎ（みじん切り）… 2 個
　｜にんにく（つぶす）… 1 片
　｜ペコリーノチーズ（すりおろし）… 大さじ2
b｜塩漬けケイパー（塩を抜いてみじん切り）… 40g
　｜松の実（みじん切り）… 40g
　｜パン粉 … 4つかみほど
EV オリーブオイル、塩、胡椒、小麦粉 … 各適量
トマトソース
　紫たまねぎ … 3 個
　にんにく … 2 片
　白ワイン … 200ml
　ホールトマトの裏ごし … 1275g
　ブロード … 350ml
　オレガノ、EV オリーブオイル … 各適量

作り方
1 鍋に a を入れ、EV オリーブオイルを加えてあめ色になるまで炒める。火からおろし、冷ましたら、b を加え混ぜる。
2 豚肩ロースの薄切りは一枚ずつ薄くたたきのばす。
3 1 を 25g 分ずつ手にとって筒状にまとめ、2 の豚肉でくるりと巻く。
4 3 に塩、胡椒、小麦粉をまぶして、EV オリーブオイルを引いたフライパンでソテーする。
5 トマトソースを作る。紫たまねぎを繊維に直角に 5mm 幅に切り、1～2 時間水にさらして辛みを取る。
6 鍋ににんにくをつぶして入れ、EV オリーブオイル、水気を切った 5 の紫たまねぎを加え、弱火で炒める。
7 6 の全体がなじんだら、白ワイン、ホールトマト、ブロード、オレガノを加える。
8 7 のソースの鍋に 4 を加え入れ、200 度のオーブンで1時間煮込む。
9 皿に盛り、彩りにハーブや葉野菜（各分量外）を添える。

Involtini alla Siciliana

シチリア風インヴォルティーニ（仔牛）

インヴォルティーニの仔牛バージョンは、フィリングにエメンタールチーズ、プロシュート・コット、パルミジャーノ・レッジャーノなど、ちょっと贅沢な素材を使う。素朴な風貌ながら噛み締めると美味しさが一気に広がる。

材料（24個分）
仔牛肉の薄切り … 一切れ 35g×24 枚
a｜にんにくのみじん切りオイル漬け* … ひとつまみ
　｜たまねぎ（みじん切り）… 40g
b｜レーズン … 18g
　｜松の実 … 10g
エメンタールチーズ … 50g
プロシュート・コット … 30g
サラミ … 15g
食パン（10 枚切り）… 2 枚
　｜イタリアンパセリ（みじん切り）… ひとつまみ
c｜パルミジャーノ・レッジャーノ（すりおろし）… 100g
　｜パン粉（軽く炒る）… 50g
溶き卵 … 1.5 個分
塩、胡椒、EV オリーブオイル、パン粉、
　紫たまねぎ、月桂樹 … 各適量
　＊ EV オリーブオイルに漬けたにんにくのみじん切り。
　　P12 のドンチッチョのにんにくオイルを参照。

作り方
1 小鍋で a を炒めたら、b を加えて軽く炒め、冷ましておく。
2 エメンタールチーズ、プロシュート・コット、サラミをそれぞれ薄切りにし、5mm 角程度に刻む。
3 食パンはオーブンなどで色づかないように乾燥させ、耳を落とし、5mm 角程度に刻む。
4 2 をボウルに入れて 1 を加え混ぜ、3 の食パンと c を加える。溶き卵を少しずつ入れて全体を混ぜたら、塩・胡椒で調味する。
5 4 を手に少量とって握り、しっかりまとまるかどうか確認する。まとまりにくいようであればパルミジャーノ・レッジャーノ（分量外）をさらに加える。
6 仔牛肉の薄切りは肉たたきでごく薄くのばす。一枚につき 5 をひとつかみほどまとめてのせて包み、パン粉をまぶす。
7 くし形に切ってばらした紫たまねぎ、月桂樹、6 の順番に金串に刺し、全体に塩・胡椒をふってグリルで焼く。
8 皿に盛り、EV オリーブオイルをかける。彩りに紫たまねぎのスライスと月桂樹を添える。

伝統的なシチリア料理の作り方

P14　Pesce spada marinato
カジキのマリネ

材料（6～7人分）
カジキの切り身
　… 300g
レモンの搾り汁、EV
オリーブオイル
　… 各適量
Ａ　塩、胡椒、イタ
リアンパセリ（刻む）、
にんにく（みじん切り）
　… 各適量

作り方
1 ボウルにレモンの搾り汁とEVオリーブオイルを1対3の割合で合わせ、Ａを加え、泡立て器でよく混ぜ合わせる。
2 1のマリネ液にカジキの切り身を浸けて、冷蔵庫で3～4時間マリネする。
3 2の水気を拭き取り、薄切りにして盛りつける。

Gamberi marinati
エビのマリネ

材料（6～7人分）
有頭エビ … 12～14尾
にんにく、レモン汁 … 各適量
Ａ　EVオリーブオイル、塩、唐辛子（刻む）、
イタリアンパセリ（刻む）… 各適量

作り方
1 にんにくをつぶし、レモン汁と合わせてマリネ液を作り、身の部分の殻をむいたエビを浸けて冷蔵庫で2～3時間マリネする。
2 Ａをふり、数分おいてから盛りつける。

Alici marinate
ヒシコイワシのマリネ

材料（6～7人分）
ヒシコイワシ … 300g
白ワインビネガー … 300ml
塩 … 大さじ2
Ａ　EVオリーブオイル、塩、ミントの葉（刻む）、
にんにく（スライス）、唐辛子（刻む）… 各適量

作り方
1 白ワインビネガーに塩を加えて溶かし、頭と背骨を取り除いて腹開きにしたイワシを浸けて冷蔵庫で24時間マリネする。
2 1の水気を拭き取り、Ａをかけて、盛りつける。

Tonno marinato
マグロのマリネ

材料（6～7人分）
マグロの赤身 … 300g
レモン汁 … 適量
塩、胡椒、EVオリーブオイル … 各適量
Ａ　バジリコの葉（刻む）、イタリアンパセリ（刻む）、オレガノ … 各適量

作り方
1 マグロの赤身にレモン汁をまぶし、ラップに包んで6時間冷蔵庫でマリネする。
2 1の水気を拭き取ったら、塩、胡椒、EVオリーブオイルとＡの香草類をまぶしつけ、ラップに包み、さらに1時間冷蔵庫で寝かせる。
3 2を薄切りにして、盛りつける。

Salmone marinato
サーモンのマリネ

材料（6～7人分）
サーモン … 300g
Ａ レモンの搾り汁、オレンジの搾り汁 … 各適量
EVオリーブオイル、塩、胡椒 … 各適量
Ｂ シブレット（みじん切り）、オレガノ
　… 各適量

作り方
1 Ａを合わせて、EVオリーブオイルと1対3の割合で混ぜたら、塩、胡椒を加えてマリネ液を作る。
2 サーモンを1に浸けて20～30分マリネする。
3 2の水気を拭き取り、Ｂをまぶし、薄切りにして盛りつける。

P18　Frittedda
フリッテッダ
（そら豆、グリーンピース、
アーティチョークの煮込み）

材料（4人分）
アーティチョーク
　… 大4個
にんにく … 1片
EVオリーブオイル
　… 大さじ3
たまねぎ（みじん切り）
　… 1/4個
Ａ　そら豆 … 400g
　　グリーンピース … 250g
ブロード … 400ml
塩、胡椒 … 各適量

作り方
1 アーティチョークは、茎の外側をむき、外側の堅い萼をむしって取り除き、先端を切り落とし、縦半分に切って薄切りにする。レモン（分量外）を入れた水に浸け、色が変わるのを防ぐ。
2 鍋につぶしたにんにく、EVオリーブオイルを入れて弱火にかける。
3 2のにんにくの香りが立ってきたら、たまねぎを加え、炒める。
4 3にＡの豆類と、1のアーティチョークを水気を切って加え、混ぜ合わせながら炒める。
5 4にブロードを加え、弱火で20分煮込む。
6 仕上げに塩、胡椒で調味する。好みでEVオリーブオイル（分量外）を回しかける。

P19　Insalata alla Pantesca
パンテッレリア風インサラータ
（じゃがいもとケイパーのサラダ）

材料（2人分）
じゃがいも … 小6個
紫たまねぎ … 1/4個
ミニトマト … 12個
緑オリーブ … 10個
黒オリーブ … 16個
塩漬けケイパー
　… 10g
オレガノ … 小さじ1
EVオリーブオイル … 30ml
塩、胡椒 … 各適量

作り方
1 じゃがいもは串を刺してすっと通るまで茹で、皮をむき、一口大に切って冷ます。
2 紫たまねぎは繊維と直角に3mm幅に切る。ミニトマトは2等分し、緑オリーブは種を取り除き、粗く刻む。
3 ボウルに1、2、黒オリーブ、塩を洗い落としたケイパー、オレガノ、EVオリーブオイルを入れてよく混ぜ合わせ、塩、胡椒で調味する。

P20　Insalata d'arancia e finocchi
オレンジとフェンネルの
インサラータ

材料（2人分）
ブラッド・オレンジ
　… 2個
フェンネル … 1/2個
紫たまねぎ
　… 1/2個
Ａ　松の実（ロースト）
　　　… 8g
　　レーズン … 14g
　　黒オリーブ … 16個
　　アンチョビ（細かくちぎる）… 3枚
　　白ワインビネガー … 10ml
　　EVオリーブオイル … 30ml
塩、胡椒 … 各適量

作り方
1 ブラッド・オレンジはひと房ずつ薄皮をむく。フェンネル、紫たまねぎはともに繊維に直角に3mm幅に切る。
2 ボウルに1とＡを入れ、混ぜ合わせ、塩、胡椒で調味する。皿に盛り、彩りにフェンネルの葉（分量外）を飾る。

P23 Verdure croccanti con noci e mandorle
野菜のくるみ＆アーモンドフリット

材料と作り方

なすとパプリカを縦に長く切る（幅は1cm弱程度）。小麦粉をまぶし、溶き卵にくぐらせ、パン粉と砕いたアーモンドと砕いたくるみを混ぜたものをまぶして、サラダ油でカリッとなるまで揚げる。皿に盛り、塩をふる。イタリアンパセリのみじん切りを切り口につけたレモンを添え、好みで搾る。

Fusilli alla Trapanese
フジッリのトラーパニ風
（カリフラワーとアーモンドと豚ラグー）

材料（1人分）

フジッリ … 80g
カリフラワー … 5〜6房
パステッラ
A ┃ 小麦粉 … 40g
　┃ 水 … 20g
　┃ 卵 … 2個
豚のラグー* … 大さじ3
パルミジャーノ・レッジャーノ … 15g
カチョカヴァッロ … 10g
アーモンド、塩、胡椒、揚げ油 … 各適量
*豚のラグーは、P83のなすのティンバッロを参照。

作り方

1 Aを合わせてごく薄いパステッラ（揚げ衣）を作り、カリフラワーにつけて揚げる。
2 フジッリを茹で始める。
3 フライパンに豚のラグーを入れて火にかける。温まったら1のカリフラワーを加える。
4 3に刻んだアーモンドを加える。
5 茹で上がったフジッリを4に加え、パルミジャーノ・レッジャーノとカチョカヴァッロのすりおろしを加え混ぜ、塩、胡椒で調味する。
6 皿に盛り、縦に刻んだアーモンドをふり、EVオリーブオイル（分量外）をひと回しかける。

Strozzapreti alla crema di pistacchi
ストロッツァプレーティのピスタチオクリーム

材料（2人分）

ストロッツァプレーティ … 80g
パンチェッタ … 8g
たまねぎ … 10g
ピスタチオのパテ* … 大さじ1
生クリーム … 25ml
パルミジャーノ・レッジャーノ … 12g
EVオリーブオイル、塩、胡椒、パルミジャーノ・レッジャーノ、生のピスタチオ … 各適量
*作り方は、下記ピスタチオのパテを参照。

作り方

1 パンチェッタは薄切りにし、5mm幅の細切りにする。たまねぎはみじん切りに。
2 ストロッツァプレーティを茹で始める。
3 フライパンにEVオリーブオイル少々と1を入れて、中火で軽く炒め、全体がなじんだら、ピスタチオのパテ、生クリームを加えて煮る。
4 3にパルミジャーノ・レッジャーノのすりおろしを加え、茹で上がったストロッツァプレーティも加えて混ぜる。塩、胡椒で調味する。
5 皿に盛り、パルミジャーノ・レッジャーノのすりおろし、刻んだピスタチオをふりかける。

Patè di pistacchi
ピスタチオのパテ

材料

皮むき生ピスタチオ … 150g
皮むきアーモンド … 30g
パルミジャーノ・レッジャーノ … 30g
ドンチッチョのにんにくオイル … 3滴
ミントの葉 … 1枚
バジリコの葉 … 3枚
EVオリーブオイル … 50ml

作り方

ピスタチオとアーモンドは軽くローストしておく。材料をすべて合わせてミキサーにかける。完全なクリーム状にはせず、ナッツの粒が少し残っている状態で止める。レモンの皮のすりおろし少々、塩、胡椒（すべて分量外）で調味する。
*冷蔵庫で3日間保存が可能。

P24 Spaghetti con acciuga e mollica
アンチョビとモッリーカのスパゲッティ

材料（1人分）

スパゲッティ … 90g
モッリーカ（P24参照）、EVオリーブオイル … 各適量
アンチョビ・トマトソース
A ┃ アンチョビ … 120g
　┃ 炒めたまねぎ（P9参照） … 大さじ3
　┃ にんにく … 2片
　┃ 白ワイン … 30ml
　┃ ホールトマト … 500ml
　┃ 水 … 40ml
砂糖、胡椒、EVオリーブオイル … 各適量

作り方

1 Aでソースを作る。鍋にEVオリーブオイル少々とつぶしたにんにくを入れて中火にかける。
2 にんにくの香りが立ってきたら、炒めたまねぎを加えて炒め、さらにアンチョビも加える。
3 白ワインを加えてアルコールを飛ばし、裏ごししたホールトマト、水を加え、20〜25分煮詰める。
4 砂糖少々と胡椒で調味し、仕上げにEVオリーブオイルをひと回し加えてソースの完成。
5 スパゲッティを茹で始める。
6 フライパンにアンチョビ・トマトソース90mlを入れて中火にかける。
7 6に5を加え、よく混ぜ合わせる。
8 皿に盛り、モッリーカをふり、EVオリーブオイルをかける。
*ソースは冷蔵庫で3〜4日保存が可能。

P25 Vermicelli con gamberi e conza
エビとコンツァのヴェルミチェッリ

材料（1人分）

ヴェルミチェッリ … 80g
有頭エビ … 3尾
にんにくのみじん切りオイル漬け(P12参照) … ひとつまみ
唐辛子 … 少々
ブランデー … 小さじ1
トマトソース … 160g
ミニトマト … 4〜5個
EVオリーブオイル、イタリアンパセリ、塩 … 各適量
コンツァ* … 各適量
*コンツァは、細かいパン粉と刻んだアーモンドを6：4の割合で合わせ、フライパンで炒めたもの。

作り方

1 ヴェルミチェッリを茹で始める。
2 フライパンにEVオリーブオイル少々、にんにくのみじん切りオイル漬け、唐辛子を入れて強火にかけ、エビを加えてソテーする。
3 2にイタリアンパセリ、ブランデーを加えてアルコールを飛ばす。
4 3にトマトソースを加え、蓋をして軽く煮込む。
5 半分に切ったミニトマトを4に加えてひと混ぜしたら、茹で上がった1を加えて混ぜ、塩で調味し、EVオリーブオイル少々を加える。
6 皿に盛り、コンツァ、イタリアンパセリのみじん切りをふり、EVオリーブオイルをひと回しかける。

P25　Peperoni alla Siracusana
パプリカのシラクーサ風

材料（4人分）
パプリカ（赤）… 2個
パプリカ（黄）… 2個
にんにく（つぶす）
　… 1片
松の実 … 20g
レーズン … 45g
塩漬けケイパー … 15粒
黒オリーブ … 15個
白ワインビネガー … 50ml
モッリーカ（P24参照）… 80g
ミントの葉 … 10枚
バジリコの葉 … 大3枚
砂糖、塩、胡椒、アーモンド、
　EVオリーブオイル … 各適量

作り方
1 パプリカは1cm幅の縦に細切りにする。
2 フライパンにEVオリーブオイルを引き、にんにくを炒め、香りが立ったら弱火にし、パプリカを入れ、ゆっくり火を通す。
3 2に松の実、レーズン、塩を洗い落としたケイパー、種を除いて刻んだ黒オリーブを入れ、じっくり火を通す。
4 3に白ワインビネガー、砂糖少々を加えて炒めたら、モッリーカ、ミントの葉、ちぎったバジリコの葉を加えてよく混ぜる。
5 塩・胡椒で調味した後、皿に盛り、アーモンドを刻んでふりかけ、EVオリーブオイルをひと回しかける。

P26　Maiale all'isolana
豚のイゾラーナ風
（豚ソテーのポルチーニ添え）

材料（1人分）
豚肩ロース … 220g
ポルチーニ茸
　（フレッシュ）… 1個
にんにく … 1片
小粒のじゃがいも
　… 2個
黒オリーブ
　… 8～9個
ミニトマト … 5個
イタリアンパセリ、塩、胡椒、小麦粉、
　EVオリーブオイル、バター、ブロード
　… 各適量

作り方
1 小鍋につぶしたにんにく、EVオリーブオイル少々を入れて火にかけ、にんにくが色づいたら薄切りにしたポルチーニ茸を加え、炒める。
2 1に塩をふり、バターとブロード各少々を加えて軽く煮る。
3 じゃがいもは塩茹でし、皮をむいて小さめ

の一口大に切る。ミニトマトは半分に切る。
4 豚肩ロースは筋切りし、塩、胡椒、小麦粉をまぶし、EVオリーブオイルを引いたフライパンに入れ、強火で両面に焼き色をつける。
5 4に2と3と黒オリーブ、イタリアンパセリのみじん切り少々を加えて弱火にし、蓋をする。
6 途中、焼き汁を肉に何度もかけながら、ポルチーニ茸の旨味を肉にしみ込ませていく。
7 皿に肉を盛り、ポルチーニ茸やじゃがいもなどを塩、胡椒、EVオリーブオイルで調味して、肉の上にかける。仕上げにイタリアンパセリのみじん切り、EVオリーブオイルをかける。
＊2のポルチーニソテーはパスタのソースにもなる。

P27　Falsomagro
ファルソマグロ（豚のミートローフ風）

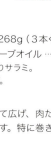

材料
（作りやすい分量）
豚肩ロース（塊）
　… 1.5kg
茹でたほうれん草
　… 250g
カチョカヴァッロ
　… 12g
フィノッキオーナ
　サラミ＊ … 65g
ゆで卵 … 7個
サルシッチャ＊＊ … 268g（3本ぐらい）
塩、胡椒、EVオリーブオイル … 各適量
＊フェンネルシード入りサラミ。
＊＊豚の生ソーセージ。

作り方
1 豚肩ロースは切って広げ、肉たたきを使ってできるだけ薄くのばす。特に巻き終わりとなる端は薄くする。
2 1の肉の両面に塩、胡椒をする。塩の目安は豚の重量のおよそ1%。
3 2の内側となる面の上に、茹でて水気を切ったほうれん草をまんべんなく広げ、カチョカヴァッロのすりおろしをふり、フィノッキオーナサラミの薄切りを並べる。
4 サルシッチャを切り開き、中身を出したら、3の中央一直線にのせ、その上にゆで卵を並べる。
5 ゆで卵をサルシッチャで包むように、のり巻きの要領で全体を巻き、たこ糸で縛る。
6 フライパンにEVオリーブオイルを入れ、強火で5の全体に焼き色をつける。
7 6を180度のオーブンで1時間焼く。
8 十分に冷めたら適当な厚さに切り分けて盛りつける。好みでトマトソースを添えても良い。

P29　Arancina
アランチーナ
（ライスコロッケ）

材料（3～4個分）
米 … 200g
たまねぎ … 30g
サフラン … 20本
ブロード … 適量
無塩バター … 10g
パルミジャーノ・レッジャーノ … 70g
パステッラ（衣）
　A｜小麦粉 … 100g
　　｜水 … 150ml　塩 … 少々
牛のラグー＊、カチョカヴァッロ、
　プロシュート・コット、モッツァレッラ、
　パン粉、EVオリーブオイル … 各適量
揚げ油 … 適量
＊牛のラグーはP77のエリコイダーリ・コルティのマドニエ風を参照。グリーンピースを少量加える。

作り方
1 リゾットを作る。たまねぎのみじん切りをEVオリーブオイルと炒め、米を加え炒める。米に油が十分回ったら、ブロードを少しずつ加えながらサフランも加え、煮込んでいく。
2 やや固めのリゾットに仕上がったら、無塩バターとパルミジャーノ・レッジャーノのすりおろしを加えよく混ぜる。バットにあけ、十分に冷ます。
3 カチョカヴァッロ、プロシュート・コット、モッツァレッラは刻む。
4 冷めた2を片手に軽く一杯のせ、その上に牛のラグーとカチョカヴァッロを少量のせ、さらに2をのせて包み、円錐形に整える。
5 4と同様にプロシュート・コットとモッツァレッラを包んで、ボール状に整える。
6 パステッラの材料Aをボウルに混ぜ合わせ、4と5をくぐらせ、パン粉をまぶす。
7 170～180度の油でオレンジ色に揚げる。

P30　Panelle
パネッレ
（ひよこ豆ペーストのフリット）

材料（作りやすい分量）
ひよこ豆の粉
　… 100g
水 … 800ml
塩 … 小さじ1
たまねぎ（みじん切り）… 大さじ1
にんにく（みじん切り）… 小さじ1
イタリアンパセリ、EVオリーブオイル、
　塩 … 各適量
揚げ油 … 適量

作り方
1 ひよこ豆の粉、水、塩を混ぜ合わせる。

2 たまねぎ、にんにく、イタリアンパセリのみじん切りを EV オリーブオイルで炒め、**1** を 3 〜 4 回に分けて加えながら弱火でよく練る。

3 EV オリーブオイルを塗ったバットにぼってりと練り上げた **2** を入れて平らにならし、冷蔵庫で冷やす（この状態で 2 〜 3 日保存が可能）。

4 **3** を適当に切り分けて、170 〜 180 度の油でこんがり色づくまで揚げる。仕上げに塩をふる。

Cazzilli
カッズィッリ
（じゃがいものクロケッテ）

材料
（長さ 5cm 直径 2cm ほどの紡錘形 15 個分）
じゃがいも … 300g
イタリアンパセリ … 4g
ミントの葉 … 4 枚
ペコリーノチーズ … 50g
溶き卵 … 1 個分弱
塩、胡椒、小麦粉 … 各適量
揚げ油 … 適量

作り方
1 じゃがいもは茹でて皮をむき、裏ごしする。
2 イタリアンパセリのみじん切り、ミントの葉のみじん切り、ペコリーノチーズのすりおろしを **1** に加えて混ぜ、溶き卵を様子をみながら少しずつ加え混ぜる。塩、胡椒で調味する。
3 **2** を 15 等分し、それぞれを真ん中がややふくらんだ紡錘型にまとめる。
4 **3** に小麦粉をまぶし、180 度の油でこんがりと揚げる。

Cotoletta di melanzane
なすのコトレッタ

材料
なす
小麦粉
パステッラ（衣）
A｜卵、パルミジャーノチーズのすりおろし、塩、胡椒 … 各適量
パン粉、EV オリーブオイル … 各適量

作り方
1 なすは厚さ 5mm 程度の輪切りにする。
2 A を混ぜ合わせパステッラ（揚げ衣）を作る。
3 **1** のなすに小麦粉、**2**、パン粉の順にまぶしつける。
4 フライパンになすがかぶるくらいの量の EV オリーブオイルを注いで熱し、**3** のなすを返しながら両面をこんがりと揚げる。

Spitini
スピティーニ
（ラグーサンドイッチのフリット）

材料
食パン（8 枚切り）… 3 枚
パステッラ（衣）
A｜小麦粉 … 50g
　｜水 … 70g
　｜塩 … 少々
牛のラグー＊、パン粉 … 各適量
揚げ油 … 適量
＊牛のラグーは、P77 参照。ただし、砂糖少々とクローブ 1 個を加えて堅めに仕上げる。

作り方
1 食パンは耳を落とし、半分に切る。
2 **1** を 3 枚ひと組として、間に牛のラグーをたっぷり挟む。
3 A を混ぜ合わせパステッラ（揚げ衣）を作り、**2** をくぐらせ、パン粉をまぶす。
4 170 〜 180 度の油で色づくまで揚げ、供する時は縦半分にカットする。

P32　Mangia e bevi
マンジャ・エ・ベーヴィ
（豚バラ肉の葉たまねぎ巻き）

材料と作り方
葉たまねぎの青い部分に薄切りの豚バラ肉を螺旋状に巻きつける。巻き始めと巻き終わりに楊枝を使うとばらけずに調理できる。炭火でこんがりと焼き、塩、胡椒、レモン汁をふりかけ、熱々のうちに供す。

P33　Pane cunzato all'Eoliana
エオリア風パーネ・クンツァート
（野菜たっぷりサンドイッチ）

材料
ごま付きパン（P61 参照）、トマト、紫たまねぎ、緑オリーブ、油漬けツナ、アンチョビ、モッツァレッラ、塩漬けケイパー、オレガノ、EV オリーブオイル … 各適量

作り方
ごま付きパンは横半分に切る。薄切りにしたトマトとモッツァレッラ、さらし紫たまねぎ、種を除いて薄切りにした緑オリーブ、塩を洗い落としたケイパーとそのほかの具材をパンに

のせ、EV オリーブオイルをたっぷりかけ、もう片方のパンでサンドイッチにする。

Pani câ meusa
パーニ・カ・メウサ
（脾臓と肺のパニーノ）

材料と作り方
1 牛の脾臓は膜を傷つけないように余分な脂を取り除き、1 時間ほど水に浸けて血抜きをする。牛の肺も水の中で余分な血を出して 1 時間ほど水に浸ける。
2 鍋を二つ用意して **1** の脾臓と肺を別々に入れ、セロリ、にんじん、たまねぎ、イタリアンパセリなどの香味野菜と水をかぶるくらいに入れ、1 時間〜 1 時間半、アクをこまめに取りながら煮る。バットに脾臓と肺を取り出し、粗熱をとる。
3 **2** の脾臓と肺を 1.5 〜 2mm 程度の厚さにスライスし、たっぷりのラードで炒め煮にする。
4 ごま付きの丸い小型のパンは厚みを半分に切り、下になるパンに **3** の脾臓と肺をのせ、煮汁を少々かける。塩をふり、好みでリコッタ・サラータまたはパルミジャーノ・レッジャーノの薄切りをのせ、上のパンでサンドする。好みでレモン汁を具にかけても良い。

P34　Cannoli
カンノーリ

材料
クリーム（約 25 個分）
　リコッタ … 400g
　粉糖 … 160g
　刻んだチョコレート … 適量
外側の生地
（直径 2cm 長さ 8cm の筒型 100 本分）
　小麦粉タイプ 00 ＊ … 700g
　グラニュー糖 … 30g
　塩 … 4g
　ラード … 100g
　全卵 … 4 個
　マルサラ・ドルチェ … 150g
揚げ用のラード … 適量
＊イタリアの小麦粉は灰分の含有量によってタイプが分かれ、00 が一番灰分が少ない。

作り方
1 外側の生地を作る。小麦粉、グラニュー糖、塩を合わせてふるう。ラードを加えてさっくりと混ぜ合わせる。
2 全卵を溶きほぐしてマルサラ・ドルチェを加え混ぜ、**1** に加えて練らないようにさっくりと混ぜ合わせる。
3 冷凍庫で一晩寝かせる。
4 クリームを作る。リコッタはペーパーを敷いたざるに入れてしっかりと水切りする。
5 **4** に粉糖、刻んだチョコレートを加え混ぜる。使うまで冷蔵庫に保存する。

6 3の生地は、使う1時間前に冷蔵庫に移しておく。生地はごく薄く（2mm程度）のばし、直径8cmの丸型で抜く。筒型を丸い生地に置いてくるりと巻く。

7 揚げ用のラードを鍋に入れて火にかけて溶かす。6の生地を筒型ごと低温でじっくりと揚げる。焦げやすいので目を離さないこと。

8 こんがりと色づいた7は網などに立てて置き、油を切る。

9 食べる直前に5のクリームを絞り出し袋に入れて完全に冷めた8の中に絞り出す。

10 オレンジピールを飾り、粉糖をふりかける（ともに分量外）。

P35　Cassata
カッサータ

パン・ディ・スパーニャの材料
（29cm×40cm×6.5cmのバット1台分）
卵 … 9個
バニラビーンズ … 1/3本分
グラニュー糖 … 335g　　薄力粉 … 335g

リコッタクリームの材料
（直径12cmのボウル5個分）
リコッタ … 400g
粉糖 … 100g
チョコレート … 適量

マジパン … 300g
粉糖、卵白、オレンジピール、
　ドレンチェリー等砂糖漬け果物 … 各適量

◆パン・ディ・スパーニャの作り方
下準備　焼き型となるバットにバター（分量外）を塗り、クッキングシートを敷いておく。
1 卵を溶きほぐし、グラニュー糖、バニラビーンズを加えて火にかけ、人肌くらいに温める。
2 火からおろした1をしっかりと泡立てる。電動泡立て器を使う場合は、高速で7分、中速で4分、低速で3分の順に泡立てる。
3 2にふるった薄力粉を3回に分けて入れ、さっくりと混ぜ合わせる。
4 バットに3を流し入れ、180度で25分焼く。

◆リコッタクリームの作り方
リコッタに粉糖、好みの量の刻んだチョコレートを加え混ぜる。

◆マジパンの準備
1 マジパンの半量に緑の色粉（分量外）を少量加え混ぜる。
2 2色のマジパンをそれぞれ粉糖を打ち粉にしながら厚さ2mmほどにのばす。
3 2を直径12cmのセルクルで抜き、6等分にカットする。これを繰り返す。

◆仕上げ
1 直径12cmのボウルに粉糖をふり、粉糖を

まぶしたマジパンの色が交互になるようにボウルの内側にはりつける。この時、マジパンは一部が少し重なるようにする。
2 1の中にリコッタクリームをマジパンの縁の高さよりも少し低くなる程度に詰める。
3 薄切りにしたパン・ディ・スパーニャを2のクリームに蓋をするようにのせる。冷蔵庫で休ませる。
4 3を皿などにひっくり返して取り出し、オレンジピールやドレンチェリーなどで飾り、粉糖にごく少量の卵白を加えたアイシングを紙のコルネに入れて絞り出し、好みの模様を描く。

P36　Semifreddo di nocciola e mandorla
ヘーゼルナッツとアーモンドのセミフレッド

材料（5個分）
プラリネ
　ヘーゼルナッツ … 90g
　アーモンド … 90g
　グラニュー糖 … 240g
生クリーム … 315g
蜂蜜 … 85g　　グラニュー糖 … 35g
卵白 … 180g
ソース
　マンダリン・オレンジの搾り汁、
　　オレンジの蜂蜜 … 各適量

作り方
1 プラリネを作る。ヘーゼルナッツとアーモンドをローストし、それぞれ半分に切る。
2 グラニュー糖を鍋に入れ、火にかけてカラメルを作り、1を加えてからめ、バットに広げて冷ます。
3 2を5mm角ほどに切る。
4 生クリームを六分立て、卵白は角が立つまで泡立てる。
5 蜂蜜とグラニュー糖を鍋に入れ、火にかけて溶かし、透明なシロップ状にする。
6 泡立てた卵白に5を少しずつ加えながらさらに泡立て、つやのあるメレンゲにする。冷蔵庫で5分ほど休ませる。
7 6を冷蔵庫から取り出し、泡立て器で軽く泡立て、4の生クリームに3回くらいに分けて混ぜる。
8 3のプラリネを7に加え混ぜる。
9 8を金属の容器に移し、冷凍庫で凍らせる。
10 ソースは、マンダリン・オレンジの搾り汁とオレンジの蜂蜜を2：1の割合で合わせて鍋に入れ、火にかけて煮詰める。
11 9のセミフレッドを器に盛り、10のソースを添える。
＊ソースは余ったら冷蔵庫で4〜5日保存が可能。

Tiramisù ai pistacchi
ピスタチオのティラミス

材料
（18cm×27cm×6cmのキャセロール1台分、約10人分）
パン・ディ・スパーニャ
　… キャセロールと同じ大きさで1cm厚さのもの2枚
ダブル・エスプレッソ … 200ml
クリーム
　マスカルポーネ … 280g
　グラニュー糖 … 180g
　ピスタチオペースト … 160g
　生クリーム（脂肪分38%） … 620g

作り方
1 クリームを作る。マスカルポーネにグラニュー糖を加えて混ぜ、さらにピスタチオペーストと生クリームを100gほど加えてゴムベラでダマにならないようよく混ぜ合わせる。
2 1に数回に分けて残りの生クリームを加え混ぜる。
3 2を泡立て器を使って八分立てくらいに泡立てる。
4 キャセロールにパン・ディ・スパーニャを1枚敷き、ダブル・エスプレッソの1/2量をハケで塗り、3のクリームの1/2量を広げる。
5 4をもう一度繰り返す。
6 皿に1人分を盛りつけ、あれば刻んだピスタチオ（分量外）を飾る。
＊パン・ディ・スパーニャの作り方は左記カッサータを参照。

P37　Granita al caffè
エスプレッソのグラニータ

材料（2人分）
エスプレッソ … 120g
グラニュー糖 … 70g
水 … 120g

作り方
エスプレッソにグラニュー糖を溶かし、水を加え混ぜる。容器に入れ、冷凍庫で冷やし固める。途中で何度かフォークでほぐしく空気を含ませる。器に盛り、砂糖を10%ほど加えた生クリーム（分量外）を泡立てて上にのせる。食べられるように煎ったコーヒー豆を飾っても良い。
＊エスプレッソの濃度は好みで加減する。
＊アマレットなどのリキュールを少量加えてもよい。

トラットリア シチリアーナ・ドンチッチョの毎日

賄いはスタッフにとって、休息であるとともに、食事を作る側が食べる側の気持ちになれる大事なひと時。賄いを作るのは厨房スタッフの一人。メニューにはない料理を試してみるチャンスでもある。じゃんけん大会は、勝ち負けでその日の運勢が決まるのかと思うほど激しく盛り上がる。

賄いは皆で楽しく。シチリア修業時代の石川シェフが驚いたと同時に「ここはいいなぁ」としみじみ思ったのが、全員で食卓を囲む賄いでした。普通は交代でとることもある賄いですが、ドンチッチョの賄いは必ず全員参加。プリモ、セコンド、パンにワインの100%イタリア式です。イタリア料理を提供する者として、なるべくイタリア料理に接することが大切なのはもちろんですが、イタリア料理の楽しみ方を知り、それをお客様に伝えることも重要なのです。そして、お客様に伝えるには会話が不可欠。賄いの食卓では会話も半ば強制です。運動部の声出しではありませんが、声を出すクセをつけることで会話もスムーズになるからです。

ドンチッチョの一日は声出しに始まるといってもいいでしょう。朝の仕込みの時間は食材が次々に届きます。運んできた業者の姿が見えると皆口々に大音声で「おはようございます！」。仕事中も互いの仕事を確認したり、食材を受け渡す時も元気いっぱい。そして、午前中一番盛り上がるのが、じゃんけん大会。石川シェフが供出するお菓子を巡っての勝ち抜き戦です。ちょっとしたものでもそれを巡って勝った負けたを楽しむ姿はまるで子供のよう。でも、こんな明るさが、ドンチッチョの店そのものなのです。

石川シェフの元で働くスタッフは息長く勤める人が多く、ベテランスタッフが店を仕切るイタリアのレストランのような安心感がドンチッチョの魅力の一つ。でも、ドンチッチョで働きたいという新たな志願者も受け入れなければなりません。そのために、石川シェフは「ラ・コッポラ」「シュリシュリ」という二つの店も作り、ベテランスタッフを振り分けています。もちろん、独立していく人もいます。が、10周年祝賀会の折りには卒業生も馳せ参じ、チーム石川の一員として盛り立てました。まるで、シチリアのファミリーのような結束力。そしてその中心に石川勉という"ドン"がいる。シェフ、スタッフ、料理、店のすべてがどっぷりシチリアなのです。

トラットリア シチリアーナ・ドンチッチョ

住所：東京都渋谷区渋谷2-3-6
電話：03-3498-1828
営業時間：18時〜24時（LO）
定休日：日曜・祝日の月曜

看板料理は石川シェフによるシチリア料理。加えて、厨房スタッフとサーヴィス陣による店の雰囲気は、これぞトラットリアという快活さに溢れ、2006年オープン以来、不動の人気を誇る。姉妹店に「アンティカトラットリア シュリシュリ」、「オステリアヴィネリア ラ・コッポラ」がある。

料理
■石川 勉

「トラットリア シチリアーナ・ドンチッチョ」オーナーシェフ。1961年岩手県生まれ。東京・外苑前「トラットリア ラ・パタータ」から料理キャリアをスタートさせる。1984年単身イタリア・シチリア島に渡り、パレルモのリストランテ「チャールストン」の厨房で働き、シチリア料理の洗礼を受ける。その後フィレンツェ、ボローニャ、ミラノのイタリア料理店で修業後、帰国。西麻布「ラ・ベンズィーナ」でシェフとして働いた後、独立。2000年シチリア料理専門の「トラットリア ダ トンマズィーノ」を外苑前にオープンさせるや、一躍人気店となる。2006年渋谷に店を移し、店名を「トラットリア シチリアーナ・ドンチッチョ」とする。現在も毎年シチリア研修に通うシチリアラヴァーでもある。

文
■池田愛美

出版社勤務を経て1998年に渡伊。フィレンツェを拠点にイタリア及びヨーロッパの食、旅、職人仕事をフィールドに取材執筆活動に従事。著書に『完全版 イタリア料理手帖』『極旨パスタ』『DOLCE! イタリアの地方菓子』『最新版 ウィーンの優雅なカフェ＆お菓子』（世界文化社）、『ローマ美食散歩』『フィレンツェ美食散歩』（ダイヤモンド社）、『伝説のイタリアン、ガルガのクチーナ・エスプレッサ』（河出書房新社）などがある。また、イタリア最新の食事情等をwebジャーナル「サポリタ」で随時発信中。http://saporitaweb.com

アンティカトラットリア
シュリシュリ

住所：東京都港区南青山2-18-20
南青山コンパウンド 1F
電話：03-6721-1331
営業時間：12時〜14時30分（LO）
18時〜22時30分（LO）
定休日：日曜・祝日の月曜
シチリア料理を中心にしながらも、イタリア各地のパスタなども味わえる。

オステリアヴィネリア
ラ・コッポラ

住所：東京都渋谷区渋谷2-2-2
青山ルカビル2F
電話：03-6805-1551
営業時間：18時〜 翌日1時（LO）
定休日：日曜・祝日の月曜
ワインバー的なおつまみから、パスタやメイン料理まで多彩なメニューを提供している。

STAFF

撮影● 福岡 拓
写真● 池田匡克（P1、2、3、4、43、55、60、61、87、99 内の風景および市場）
amanaimages（P7）
ブックデザイン● 後藤晴彦
岩間佐和子
校正● 株式会社円水社
編集● 株式会社世界文化クリエイティブ
川崎阿久里
内容に関するお問い合わせは株式会社世界文化クリエイティブ
電話03（3262）6810 までお願いいたします。

トラットリア ドンチッチョの極旨シチリア料理
石川 勉シェフ直伝

発行日　2017年10月25日 初版第1刷発行

発行者　井澤豊一郎
発　行　株式会社世界文化社
〒102-8187
東京都千代田区九段北4-2-29
販売部　電話03（3262）5115
印刷・製本　共同印刷株式会社

©Tsutomu Ishikawa, Manami Ikeda, 2017. Printed in Japan
ISBN 978-4-418-17337-2
無断転載・複写を禁じます。
定価はカバーに表示してあります。落丁・乱丁がある場合はお取り替えいたします。